ぶらり休日に 御朱印さんぽ

運気アップ！

関東の寺社

御朱印を快くいただくために 心に留めておきたい

五カ条

一、寺社に敬意を払い、いわれを学ぶ

神社仏閣を参拝するときに心がけるべき姿勢です。その歴史や系統、宗派などを理解してこそ、意義深い御朱印となります。

二、参拝をすませてから御朱印をいただく

御朱印は観光記念スタンプではありません。まずは参拝をすませるのがマナーです。おまいりせずに御朱印だけをいただいて帰るのは言語道断です。

三、すべての寺社でいただけるとは限らない

無人の寺社では、御朱印をいただけないことも珍しくありません。書き手が多忙や不在の場合もあります。無理にお願いしてはいけません。

四、書き手によって印象や筆致が異なる

いつも同じ方が書かれるとは限りません。書き手が代われば、御朱印の印象は大きく変わります。期待通りの御朱印ではなくても一期一会の味わいです。

五、寺社とのコミュニケーションを大切に

神社やお寺と接するまたとない機会です。寺社の方とのコミュニケーションを通して理解が深まれば、寺社がもっと身近に感じられるはずです。

すてきなご縁と結ばれ、心癒やされるおさんぽへ

なぜ人は御朱印に魅せられるのでしょう。
日常的に御朱印集めをする人が
増えたのはなぜでしょう。

大胆かつ繊細な筆使いによる墨書と、
カラフルで個性的な押し印が織りなす世界観が、
日本人の美意識を刺激するからかもしれません。

数あるものを、できるだけ多く集めたいという、
コレクション魂をくすぐるからかもしれません。

でも、それだけではないような気がします。
それだけでは、
寺社をめぐる楽しみのひとつとしての御朱印が、
人びとを惹きつける理由にはならないと思うのです。

芦ノ湖に映える箱根神社（→P128）の鳥居。写真：河口信雄/アフロ

御朱印の最大の魅力は、
仏様や神様とのつながりを
感じられること。

いくつか寺社をめぐるうちに、
境内の凛とした空気に癒やされ、
日常のストレスから解放され、
心の安らぎを感じられる
瞬間があるはずです。

その感覚こそ、
仏様や神様を身近に感じられたということ。
参拝を通して
神仏と縁を結べたということなのです。
御朱印はその証といえるでしょう。

皆様が本書を片手に神社仏閣を訪れ、
すてきなご縁に恵まれますように。

さあ、御朱印に出合いに行こう!

ぶらり休日に運気アップ！御朱印さんぽ 関東の寺社

目次

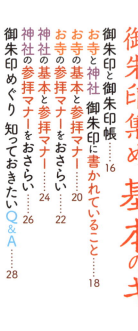

第4章

ご利益でめぐる 御朱印

第5章

運気アップ！

ぐるっと御朱印めぐり旅

○各寺社の住所などデータの凡例は左記のとおりです。

- …宗派（お寺の場合）
- …山号（お寺の場合）
- …本尊（お寺の場合）
- …祭神（神社の場合）
- …創建年
- …本殿の建築様式
- 住…住所
- 交…最寄り駅からのアクセス
- 料…拝観料

本書の使い方

○各寺社の名称ならびに本尊や祭神などの表記は、寺社への取材に基づきます。そのため、同じ本尊や祭神でも異なる表記の場合があります。
○本尊や祭神は主なものを表記しました。
○境内自由の寺社がありますが、開門・閉門時間が決まっている場合もあります。参拝時間の目安は9～16時です。御朱印がいただける寺務所や社務所の受付時間が決まっている寺社もあります。おでかけの際には、各寺社のホームページなどで事前にご確認ください。なお、例大祭や行事、法要、年末年始、お盆などの時期は御朱印がいただけないこともあります。
○最寄り駅の鉄道会社が複数ある場合、駅の出口から最も近い鉄道会社のみを記載しています。
○本書記載の情報は2025年2月末日現在のものです。
○本書記載の御朱印、ならびに写真につきましては、すべて各寺社より掲載許可をいただいております。ブログやホームページなど、電子データを含む無断転載は固くお断りいたします。
○本書の都合により、一部御朱印に日付を記載しておりませんが、実際は日付が記載されるものもあります。

第1章

美しすぎる御朱印セレクション

参拝の記念として手に入れたい御朱印。その姿はますます進化を続け、アート作品と見間違えるほど美しすぎる御朱印も多く登場しています。御朱印集めが趣味という人も、ここで新しい形の御朱印を見つけられるかも？ 関東近郊で話題を集めるさまざまな御朱印をご紹介します。

期間限定

手にした人に笑顔をもたらす 精緻な技術の切り絵御朱印

秋 限定

右の字……奉拝
中央の字…秋の音色
左の印……埼玉厄除開運大師龍泉寺

右の字……奉拝
中央の字…龍泉寺
左の印……埼玉厄除開運大師龍泉寺

切り絵御朱印

埼玉厄除け開運大師・龍泉寺《さいたまやくよけかいうんだいし・りゅうせんじ》

埼玉

↓P 51

「お寺をもっと身近に感じてほしい」との願いから生まれた切り絵の御朱印は、いただいた瞬間に笑顔がこぼれる完成度の高さです。季節ごとに仏教の教えを盛り込んだ、ストーリーのあるデザインが魅力です。オリジナルの御朱印帳も、とてもアーティスティックなのでチェックしてみて。

正月 限定

右の字……祝巳年
中央の字…龍泉寺
左の字……大開運
中央の印…埼玉厄除開運大師龍泉寺

冬 限定

右の字……奉拝
左の字……埼玉厄除開運大師
左の印……埼玉厄除開運大師龍泉寺

直書き…可
書き置き…可
初穂料・志納料…1400円
拝受期間…9時～16時（毎週火曜は休み）
受付場所…御朱印処
予約…不可
郵送対応…なし

期間限定

季節の花とお地蔵さんが描かれた心がほっこりとするデザイン

切り絵御朱印

4月限定
右の字……南無地蔵尊
右の印……宝徳禅寺

バレンタイン限定
上の字……Happy Valentin's Day
左の字……南無地蔵尊
左の印……宝徳禅寺

8月限定
左の字……南無地蔵尊
左の印……宝徳禅寺

七夕限定
右の字……南無地蔵尊
右の印……宝徳禅寺

宝徳寺《ほうとくじ》 群馬

→P63

新型コロナウイルスの感染拡大によって人々が不安に陥り、少しでも心を癒やしてもらおうとはじまった切り絵御朱印。「花とお地蔵さん」をテーマに、月替わりで違ったお花が描かれ、カラフルに彩られたデザインが特徴です。お地蔵さんの微笑みを見ていると、思わずにっこりと笑顔になれます。

直書き……可
書き置き……可
初穂料・志納料……1200円
拝受期間……期間限定
受付場所……御朱印処
予約……不可
郵送対応……可

期間限定

見ているだけで元気がもらえる 季節を感じられる限定御首題

瑞光寺《ずいこうじ》 東京

→P47

切り絵御首題

シャカシャカ祭り 限定

右の字……右・南無妙法蓮華経 左・瑞光寺
右の印……日蓮宗 蓮紹山 瑞光寺
絵……お釈迦様と龍

七夕 限定

右の字……右・瑞光寺 左・南無妙法蓮華経
右の印……日蓮宗 蓮紹山 瑞光寺
絵……織姫と彦星と天の川

夏 限定

右の字……右・夏詣 左・瑞光寺
中央の字……南無妙法蓮華経
中央の印……日蓮宗 蓮紹山 瑞光寺
絵……向日葵と朝顔

瑞光寺では、オープンな寺院を目指して季節や行事ごとに期間限定の切り絵御首題を頒布しています。鮮やかな色彩と細かい切り抜きで繊細に表現された切り絵の世界。にっこりと笑ったお地蔵さんが入っているのもポイントです。毎年4月に行われるお釈迦様の誕生をお祝いする「シャカシャカ祭り」では、この日限定で来山者だけが手に入れられる御首題も登場します。

直書き…不可
書き置き…可
初穂料・志納料…1500円
拝受期間…年中（期間限定もあり）
受付場所…寺務所
予約…不可
郵送対応…あり

期間限定

四季の訪れが楽しみになる きらりと光る切り絵御朱印

切り絵御朱印

春 限定

右の字……谷中 観音寺
左の印……観音寺
絵……花と蝶

秋 限定

右の字……谷中 観音寺
絵……ハロウィンと十五夜の月

夏 限定

右の字……谷中 観音寺
中央の印…観音寺
絵……紫陽花とカタツムリ

谷中観音寺《やなかかんのんじ》

東京

→P48

谷中観音寺で頒布される切り絵御朱印は、きらりと光るスワロフスキーが付いています。季節ごとに変わるデザインは、蝶々やパンプキンなどの特徴的な形のモチーフをしており、その一つひとつが来山者の幸福を祈る意味を持ちます。新しい季節の訪れが楽しみになるような御朱印です。

直書き…不可
書き置き…可
初穂料・志納料…1500円
拝受期間…期間限定
受付場所…寺務所
予約…不可
郵送対応…あり

期間限定

ふたつの伝統文化を重ねた御朱印符 ゆらゆら揺れる姿が新しい

しずく型「風鈴」

令和6年7月限定

右の字……奉拝
中央の印…阿佐ケ谷神明宮

大和がさね「あさがお」

令和6年7月限定

右の字……奉拝
中央の印…阿佐ケ谷神明宮

新・道ひらき

右の字……奉拝
中央の字…道ひらき
中央の印…神明宮　猿田彦社

刺繍御朱印

阿佐ヶ谷神明宮《あさがやしんめいぐう》

東京

→P48

阿佐ヶ谷神明宮では、日本の伝統技術である美濃和紙と刺繍を重ね合わせた繊細で優美な御朱印を頒布しています。毎月、季節の風物詩をモチーフにした「大和がさね」「しずく型」「切り絵」などの数種類の御朱印を奉製。末社である猿田彦社の「新・道ひらき」、境内に碑が残る「朱鷺《とき》」の特別御朱印符は通年頒布されています。

直書き…不可
書き置き…可
初穂料・志納料…1000円
拝受期間…年中（無くなり次第頒布終了）
受付場所…社務所
予約…不可
郵送対応…なし

期間限定

和み地蔵や季節のお花が登場する刺繍御朱印を参拝の記念に♪

刺繍御朱印

長谷寺《はせでら》

神奈川

→P114

直

置きの御朱印ではなくても、参拝の記念となるものを作りたいと模索し、誕生した刺繍御朱印。デザインは、刺繍の手法・特性を活かし、長谷寺の情景を豊かに表現できるものを、季節に沿った意匠において考えています。やさしく微笑む「和み地蔵」とお花のデザインは見ているだけで心が癒やされます。

直書き…可（繁忙期は不可）
書き置き…可
初穂料・志納料…1500～1500円（変動あり）
拝受期間…年中（8～16時）
受付場所…観音堂内、朱印所
予約…不可
郵送対応…不可

通年いただける御朱印

中央の字…長谷寺
中央の印…鎌倉観世音長谷
絵……松竹梅

2024年 紫陽花 限定

中央の字…長谷寺
中央の印…鎌倉観世音長谷
絵……和み地蔵と紫陽花と傘

2024年 梅 限定

中央の字…長谷寺
中央の印…鎌倉観世音長谷
絵……和み地蔵と梅と鶯

2024年 秋のお月見 限定

中央の字…長谷寺
中央の印…鎌倉観世音長谷
絵……和み地蔵とお月見

2024年 桜 限定

中央の字…長谷寺
中央の印…鎌倉観世音長谷
絵……桜と僧侶

2024年 紅葉 限定

中央の字…長谷寺
中央の印…鎌倉観世音長谷
絵……和み地蔵と紅葉

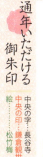

期間限定

神様や動物の姿がかわいらしい 透かし絵に広がるやさしい世界

9月限定
右の字……海ならず たたへる水の 底までに
左の字……きよき心は 月ぞてらさむ
中央の字…月詣
中央の印…小野照崎神社

4月限定
右の字……あをによし 奈良の都は 咲く花の にほふがごとく 今盛りなり
左の印……小野照崎神社

透かし御朱印

小野照崎神社《おのてるさきじんじゃ》

東京 →P59

小野照崎神社では「月参り」のしるしに、芸術芸能の神社ということで、各月のテーマに沿って趣向を凝らした透かし御朱印を頒布しています。透かし絵にのせられた淡い色調がやわらかい世界を演出し、絵の中に登場する神様や動物たちの表情も生き生きと描かれています。眺めているだけでほっこりと和やかな気持ちにさせてくれる御朱印です。

- 直書き…可（毎月1種類のみ）
- 書き置き…可
- 初穂料・志納料…1000円
- 拝受期間…年中
- 受付場所…社務所
- 予約…不可
- 郵送対応…なし

5月限定
左の字……こどもの日
右の印……小野照崎神社

御朱印を開くたびに楽しい！ 遊び心あふれるユニークな御朱印

ポップアップ御朱印

熊野皇大神社《くまのこうたいじんじゃ》 長野

→P52

神木である「しなの木」をデザインした、飛び出す御朱印が話題となった熊野皇大神社。「参拝者の心に残るものを」と、神社としてはじめてのものを作りたいという思いからこちらの御朱印が誕生しました。導きの神様として信仰される「八咫烏」の飛び出す御朱印にも注目です。

飛び出す八咫烏朱印

右の字……軽井沢碓氷峠
日本三大熊野
導
左の字……信濃國
特別神社
熊野皇大神社
左の印……熊野皇大神社

飛び出すしなの木朱印

右の字……軽井澤
碓氷峠
しなの木神社結
左の字……熊野皇大神社
左の印……しなの木神社

直書き……不可
書き置き……可
初穂料・志納料……1000円
拝受期間……年中
受付場所……授与所
予約……不可
郵送対応……一部ネットショップにて可（送料・手数料がかかります）

祭りを盛り上げる！ 神輿が飛び出す御朱印

期間限定

ポップアップ御朱印

羽田神社《はねだじんじゃ》 東京

→P54

毎年、7月最後の土・日曜日に行われる羽田の夏季例大祭にあわせて頒布される御朱印。中央には精巧な造りの切り絵でつくられた神輿がのり、その周りには飛行機の絵があしらわれ、航空安全祈願が多い羽田神社ならではのデザインになっています。

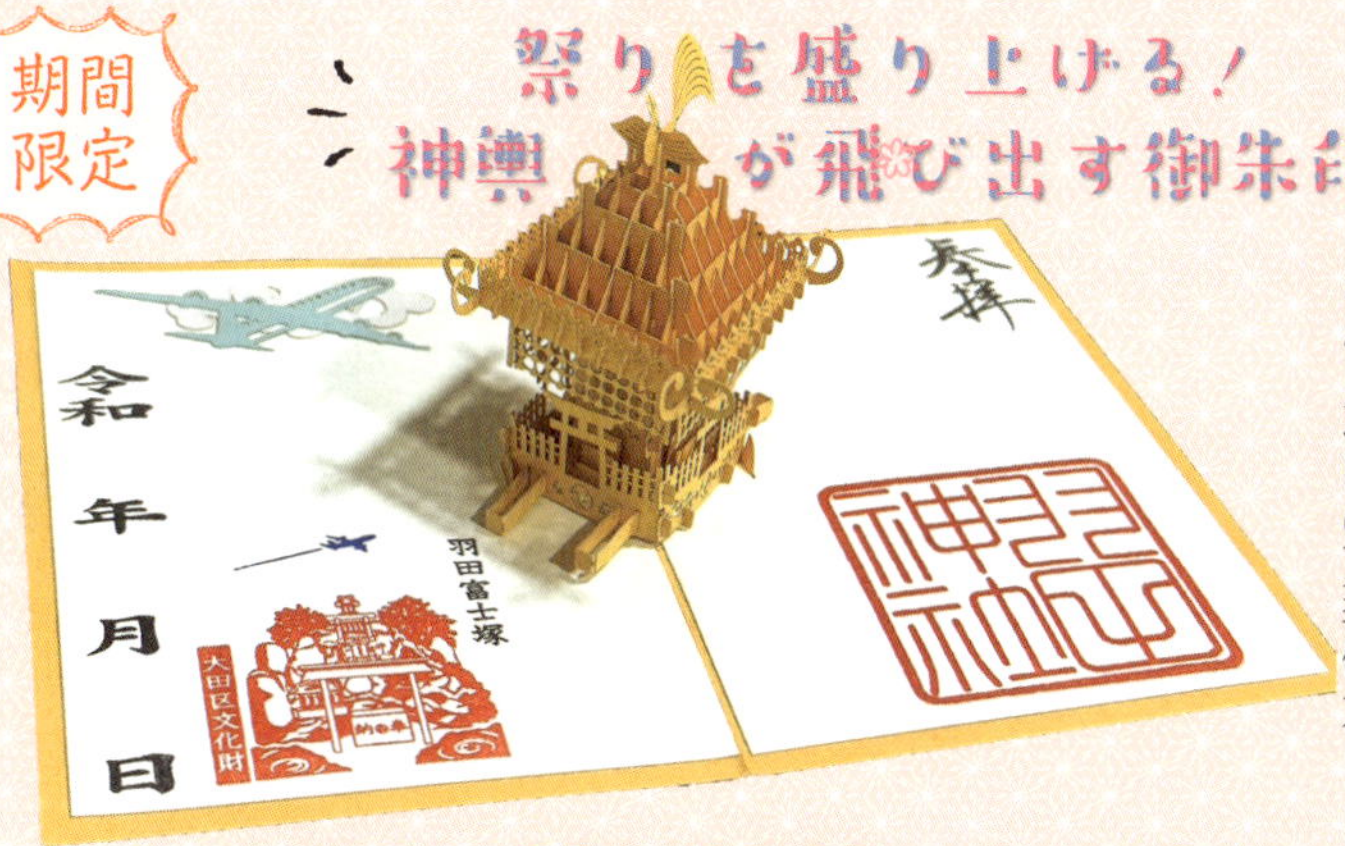

ポップUP!!
羽田神社神輿御朱印

正月・7月 限定

右の字……奉拝
右の印……羽田神社
左の印……羽田富士塚
大田区文化財

直書き……不可
書き置き……可
初穂料・志納料……1200円
拝受期間……期間限定（無くなり次第頒布終了）
受付場所……社務所
予約……不可
郵送対応……なし

仏教文化を現代アートで表現する 世界でひとつだけの御朱印

ぼたんの花
右の字……奉拝
中央の字…ぼたん花 咲き実りて 静かなり
左の字……修弘山 一龍院
中央の印…三宝印
左の印……一龍院社

刀《とう》尋《じん》段《だん》段《だん》壊《ね》
右の字……奉拝
中央の字…刀尋(つ)いで段々に壊(やぶ)れなん
左の字……修弘山 一龍院
左の印……一龍結社

右の字……奉拝
中央の字…八極龍(ハッキョクリュウ)
左の字……修弘山 一龍院
左の印……一龍結社

エアブラシ御朱印

一龍院《いちりゅういん》 東京

→P53

一龍院で御朱印をいただくなら、見開きタイプの御朱印帳を持参するのがおすすめです。通常御朱印の2面分だけでなく、8面分にも及ぶ巨大な御朱印がたくさん用意されています。住職自らがエアブラシや金銀のインクなどを駆使し、自由な心で描く御朱印はすべて手作業。この世に同じものはふたつとない、まさにアート作品です。

直書き…可
書き置き…可
初穂料・志納料…アート御朱印3000円～ 文字のみ500円～
拝受期間…年中
受付場所…御朱印処
予約…可
郵送対応…あり

第2章

はじめよう!

御朱印集め基本のキ

御朱印ってなに? お寺と神社ってなにが違うの? そんな御朱印ビギナーもご安心を。これを読めば、知っておきたいノウハウとマナーがわかります。

御朱印と御朱印帳

御朱印はいつどこでどのようにはじまり、いつ頃今のような形になったのか。まずは御朱印の歴史と意味を学びましょう。

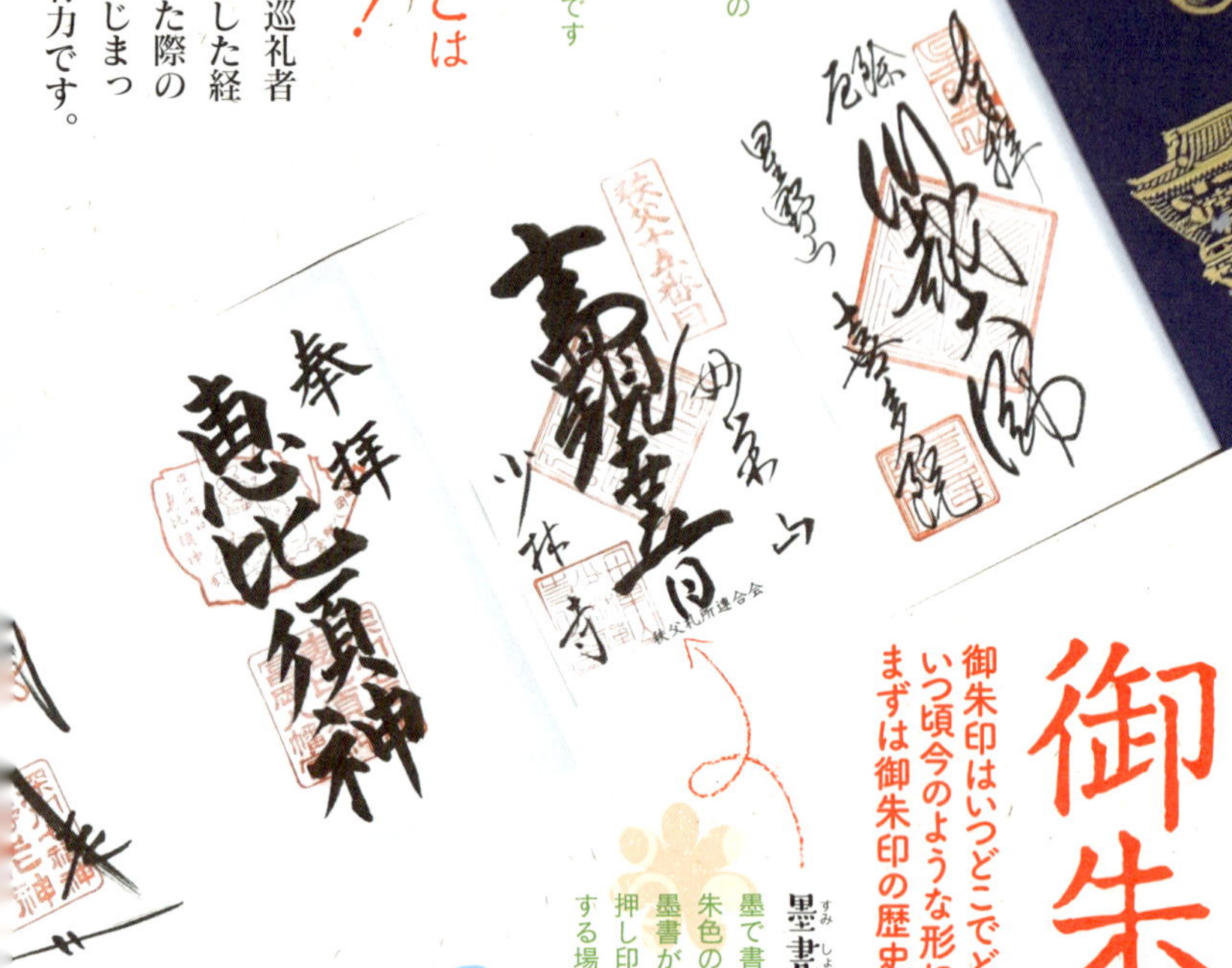

表紙

多くの寺社ではオリジナルデザインの御朱印帳を用意しています。寺紋や社殿などモチーフはさまざまです

墨《すみ》書《しょ》・押し印

墨で書かれた文字が墨書、朱色の印が押し印。墨書が金色だったり、押し印が多色だったりする場合も

もともとは納経帳!

御朱印は、巡礼者が書き写した経文をお寺に納めた際の受取印としてはじまったという説が有力です。

仏様や神様との絆

納経を行う人の機会も減り、明治時代になると神社でも御朱印を授与するようになるなど、御朱印が本来持つ「納経印」としての意味は薄れてきました。ただ、それでも神社仏閣を訪れ、心から参拝した証として御朱印をいただくことの価値までは失われません。御朱印をいただけば、そのときの参拝の思い出は長く心に残ります。御朱印は、神仏とのご縁を結んでくれるアイテムなのです。

このため、いまでも御朱印のことを「納経印」と呼ぶ場合もあります。印刷技術のなかった時代には、経典を書き写すことで功徳を積み、それをお寺に納めれば現世の安穏を得られると考えられていました。平安時代末期から盛んになり、江戸時代後期には納経をしなくても御朱印が授与されるようになったといいます。

一期一会の出会い

本書ではたくさんの御朱印を紹介していますが、みなさんが実際に寺社に行っても、まったく同じものはいただけません。御朱印は、そのときいらっしゃる神職や住職による手書きが基本。書き手によって墨書に個性が現れ、押し印の位置も微妙に異なるのです。出会いが紡ぐ、世界でひとつだけのもの。これも御朱印の魅力です。

蛇《じゃ》腹《ばら》折り

多くの御朱印帳は蛇腹折りでできています。サイズは縦16×横11㎝が一般的ですが、大判タイプの18×12㎝もあります。最近は通常サイズの倍、見開きサイズの御朱印帳も増えています

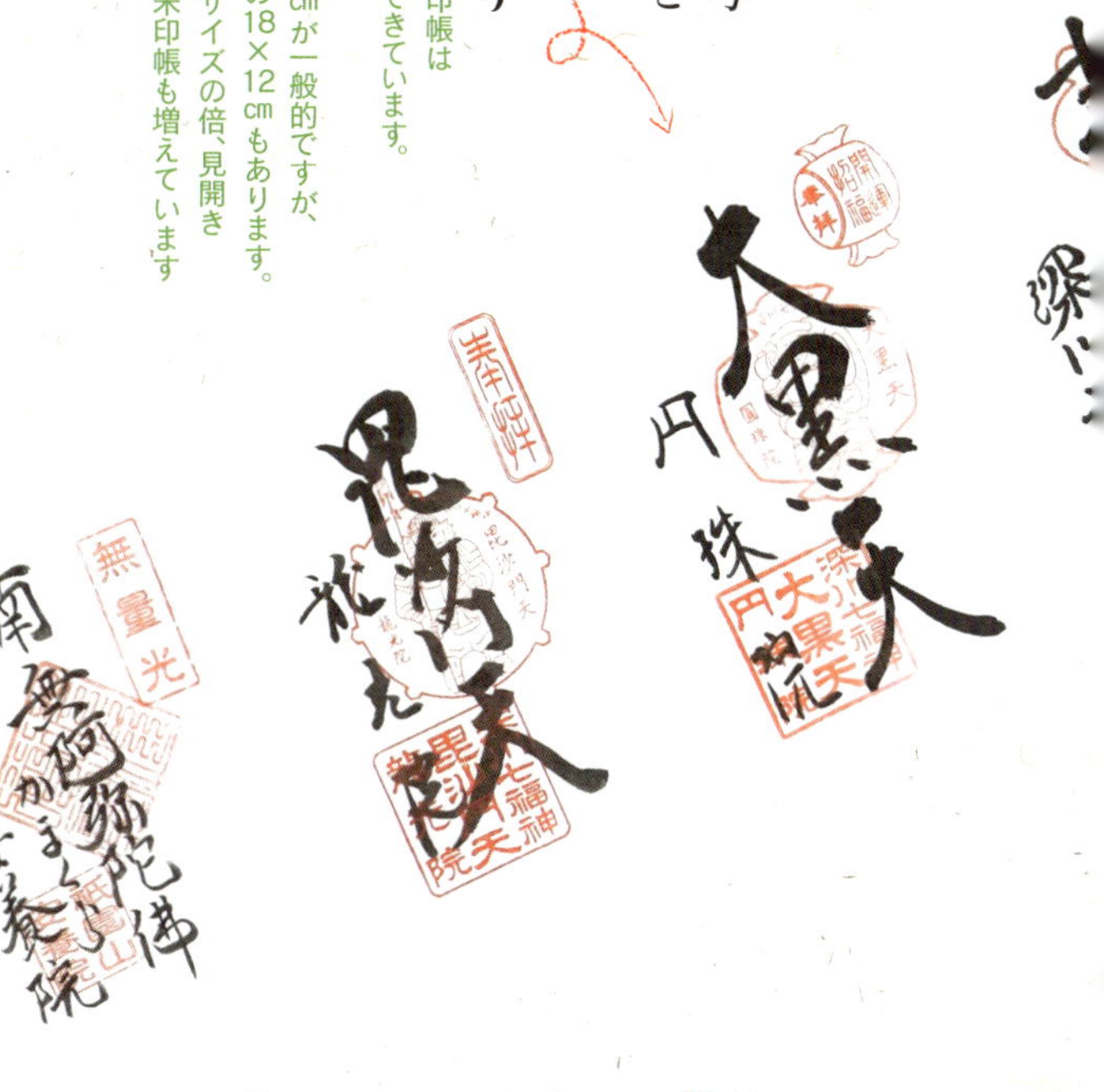

一生ものの趣味としてブームに

御朱印が一般的な人にまで知れ渡ると、巡礼を伴わないスタイルが誕生します。2010年代中頃にはパワースポットブームなどと結びつき、御朱印集めを趣味とする人が急増。旅行の合間などに手軽にできることも受けて、いまでも人気です。

御朱印に書かれていること

墨書や押し印には、奥深い意味が込められています。知れば楽しみ倍増。不明点は寺社の方に尋ねてみましょう。

押し印

そのお寺を象徴する固有の印や、三宝印、本尊を梵字で表した御宝印などが押されます

お寺でいただく御朱印の一例

地名が入ることも

お寺によっては地名などが書かれる場合もあります

奉拝《ほうはい》・参拝《さんぱい》

「謹んで拝します」という意味です。右上には札所霊場やお寺の通称などを示す朱印が押されることもあります

寺号

お寺の名称が書かれます。山号が併記される場合もあります

お寺の押し印

お寺の名称を表した印が押されます

おまいりした年月日が入ることも

参拝した年月日が書かれます

本尊名やお堂の名称

中央には祀られている本尊の名前や、お堂に名前が書かれています

神社でいただく御朱印の一例

アピールポイントのあるものも！

神社によっては特徴が書かれたり、印が押されたりする場合があります

神社の押し印

神社の名称を表した印が押されます

奉拝《ほうはい》・参拝《さんぱい》

謹んで拝します、という意味です。通常は右上に書かれる場合が多いようです

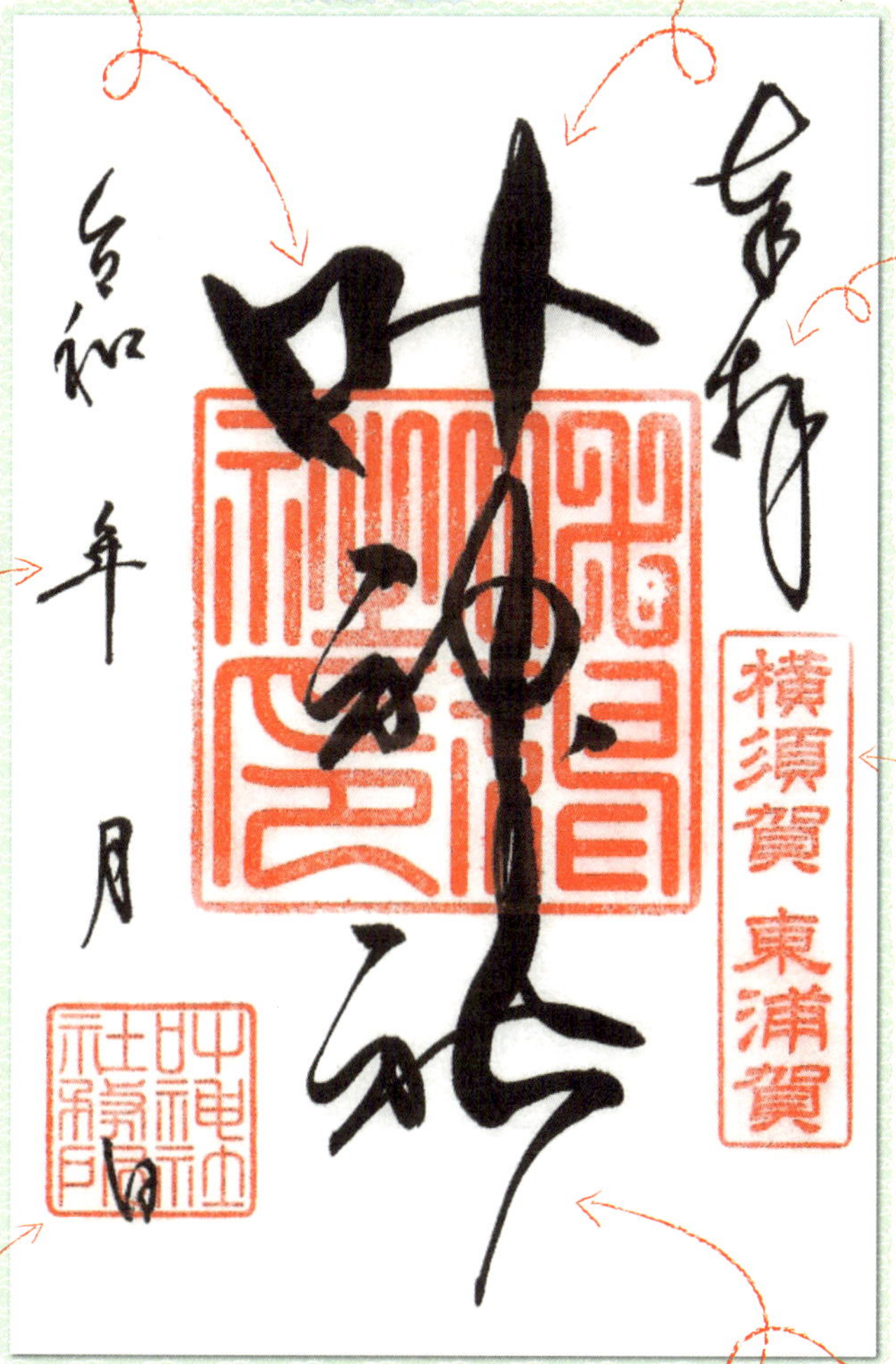

お参りした年月日

神社の名称を表した印が押されます

地名が入ることも

神社の所在地や地名が書かれる場合もあります

神社名

中央には神社の名称が書かれます。祭っている神様の名前の場合もあります

さまざまな押し印

祭られている神様に由来する印や、神社の名物、境内の植物などをかたどった印です。社紋が押される場合もあります

お寺の基本と参拝マナー

仏教とお寺は当たり前のように日本人の生活に溶け込んでいるのに、その歴史や宗派などについては知らないことだらけ。ちょっとだけでも事前に勉強しておけば、おまいりがより豊かで楽しくなるでしょう。

お寺はどのようにはじまったの？

いうまでもなく、お寺は仏教の出家者が修行するための施設です。仏教は紀元前5世紀頃に、インドの釈迦によって説かれました。当初はお寺も経文もありませんでしたが、出家者が増えるとともに自然発生的に生まれたようです。

中国を経て日本に仏教が伝わったのは飛鳥時代。聖徳太子など時の権力者によって保護され、聖武天皇によって全国に国分寺が建立されると、お寺は「国家の安泰を祈願する場」となりました。平安時代に最澄と空海が現れ新しい宗派を開くと、その後もさまざまな宗派が生まれ、お寺も全国のすみずみにまで建立されました。

仏様のグループ分け

お寺でよく見る仏様は大きく4つのグループに分けられ、序列を守ったそれぞれの役割を果たしています。最高ランクは、悟りの境地を開いた仏様「如来《にょらい》」。続いて、如来になることが約束され、人々を救済する「菩《ぼ》薩《さつ》」。如来に背くと怒りの力で正しい道に導く「明王《みょうおう》」、最後は仏様やその教えを守り、現世利益をもたらすとされる「天部《てんぶ》」です

日本仏教のキーパーソン

最《さい》澄《ちょう》

平安時代の僧。中国に渡って仏教を学び、帰国後に比叡山延暦寺を建てて天台宗を開きました

空《くう》海《かい》

最澄と同じく遣唐使として中国に渡った後に、高野山を拠点に真言宗を開きました。尊称は弘法大師

どんな宗派があるの？

天台宗、真言宗は現世利益を得ることに熱心だった貴族階級に支持されました。やがて貴族の支配力が衰え社会が不安定になると、来世の幸せを願う浄土信仰を柱とした宗派が流行します。さらに武士の世になると個人の救済を念頭に置いた禅宗が広まりました。このように、時代の情勢に合わせて多くの宗派が生まれてきたのです。

代表的な13宗派を知ろう！

華《け》厳《ごん》宗《しゅう》
中国で杜順（とじゅん）が確立した宗派。日本には天平8年（736）伝来。本山は奈良の東大寺

法《ほっ》相《そう》宗《しゅう》
インドから唐に帰国した玄奘（げんじょう）の弟子・基（き）が開祖。法興寺を拠点に広まりました

律《りつ》宗《しゅう》
戒律の研究と実践を行う宗派。日本には鑑真が伝え、唐招提寺で戒律研究に専念しました

真《しん》言《ごん》宗《しゅう》
日本で生まれた宗派のひとつ。密教を基盤とし、大日如来がすべての根本という考えです

天《てん》台《だい》宗《しゅう》
法華経が経典のため天台法華宗とも呼ばれます。多くの日本仏教の土台となっています

日《にち》蓮《れん》宗《しゅう》
鎌倉時代に日蓮によって開かれました。「南無妙法蓮華経」と唱えれば救われるという教えです

浄《じょう》土《ど》宗《しゅう》
法然（ほうねん）を開祖とする鎌倉仏教のひとつ。修行は否定し、念仏を唱えることを重視

浄《じょう》土《ど》真《しん》宗《しゅう》
鎌倉時代の僧・親鸞（しんらん）とその門弟たちが浄土宗の教えを発展。本尊は阿弥陀如来です

融《ゆう》通《ずう》念《ねん》仏《ぶつ》宗《しゅう》
天台宗の僧侶・良忍が阿弥陀如来から仏の道に至る方法を授かり開宗。大念佛寺が総本山です

時《じ》宗《しゅう》
鎌倉仏教のひとつで開祖は一遍。本山は神奈川県藤沢市にある清浄光寺。本尊は阿弥陀如来です

曹《そう》洞《とう》宗《しゅう》
禅宗のひとつで、日本においては鎌倉時代に道元（どうげん）によってはじまりました。本尊はお釈迦様

臨《りん》済《ざい》宗《しゅう》
鎌倉時代に栄西によってもたらされた禅宗の一派。経典にも本尊にも定めがありません

黄《おう》檗《ばく》宗《しゅう》
江戸時代にはじまった禅宗。教義や修行についての考え方は臨済宗とそれほど変わりません

境内にあるものもCheck！

山《さん》門《もん》

三門と書くのが正しく、これは三解脱門の略。3つの悟りを求める者だけが通れるという意味

仏《ぶつ》堂《どう》

仏像を安置し、礼拝する建物の総称です。本尊を祀る仏堂は「本堂」、「金堂（こんどう）」とも

塔《とう》

仏塔のルーツは釈迦の遺骨や遺髪（仏舎利）を納めて祀った古代インドのストゥーパです

線《せん》香《こう》台《だい》

お堂の前に線香台があるお寺では、おまいりの際に線香をお供えして周囲を清めましょう

講《こう》堂《どう》

僧侶が経典の講義や説教、儀式などを行うための建物。禅宗では「法堂（はっとう）」

鐘《しょう》楼《ろう》

梵鐘（ぼんしょう）を吊るした建物のこと。お寺によっては三門と一体化している場合も

おまいりの前に！ 参拝マナーをおさらい

御朱印集めをはじめるなら、きちんと知っておきたいのが参拝手順。境内には、本尊を祀る本堂や開祖を祀るお堂など、さまざまな建物があります。宗派によって異なる部分もありますが、一般的な参拝順序を知っておくことは大切です。

1 門をくぐって仏域に入る

山門と向かい合い、一礼してから門をくぐります。菅笠《すげがさ》以外の帽子、サングラスなどはここではずしましょう。退出する際にも一礼を。

マナー ❶ 門をくぐる前に一礼を

【境内のようす】

2 手水舎《ちょうずや》で身を清める

仏様の前へ出る前に身の穢れを清めます。巡礼で輪袈裟《わげさ》や念珠を身に着ける場合は、ここで身を清めてから整えます。

手水舎での手順

左手を洗う → 右手を洗う → 左手で水を受け、口をすすぐ → もう一度、左手を洗う → 残った水を柄杓《ひしゃく》の柄に流して清める

3 本尊におまいりする

最初に本尊が祀られている本堂をおまいり。姿勢を正し合掌して一礼。本尊の真言や題目などが掲示されている場合は唱えるといいでしょう。

4 お堂におまいりする

宗派を開いた開祖などが祀られたお堂があれば、本堂の次におまいりします。「大師堂」「祖師堂」など宗派によって呼び方が異なります。

線香やろうそくをお供えする

一礼し鰐口《わにくち》があれば鳴らす

手を合わせ仏様と対話する

最後に一礼を

マナー
1. お賽銭は遠くから投げないように
2. 鰐口などはお賽銭の後に鳴らしましょう
3. 柏手を打たないようにします

5 寺務所で御朱印をいただく

参拝後に寺務所で御朱印をいただくのが基本ですが、参拝前に御朱印帳を預かるお寺もあります。御朱印帳には記名し、取り違えないように注意しましょう。

参拝後に寺務所などを訪ねる

その場だったり、別の場所だったり、書いていただくところはお寺によってさまざま

両手でありがたくいただく

マナー
1. 小銭を用意しておきましょう
2. 御朱印帳のカバーなどを外しておきます
3. 書いていただいている間は静かに待機

神社の基本と参拝マナー

神社は日本人の心の拠りどころといってもいい場所です。とくに信心深くなくても、境内に入れば敬虔な気持ちになってしまいます。その歴史や多様性を知れば、もっと興味が湧いてくるはず。

神社はどのようにはじまったの？

豊かな自然に恵まれている日本において、自然は神そのものでした。古代の日本人は、恵みをもたらし、ときに災害を起こす森羅万象に神が宿っていると考えたのです。そうした神々を祀るのにふさわしい場所を選んで神坐を設け、神々を招き、また戻ってきてもらうための神事を行うようになったのが神社のはじまりです。

飛鳥時代には中国の寺院建築の影響を受け、聖域に大規模な神殿が建てられるようになりました。ただし、今も奈良県の大神神社や長野県の諏訪大社のような古社のなかには、本殿がなく山や木そのものがご神体という場合もあります。

どんな神様がいるの？

日本の神話のほとんどは『古事記』や『日本書紀』などによって伝わっています。日本神話に登場する神様は、高天原《たかがまはら》に住む天《あま》津《つ》神《かみ》と土着の国《くに》津《つ》神《かみ》に分類されます。中世以降、武士に信仰されたのが八幡神。江戸時代には商売繁盛の神とされる稲荷様の信仰も盛んになりました。

『古事記』に登場する主な神様

伊奘《いざ》諾尊《なぎのみこと》

高天原の神々に命じられて矛で海をかき回し、できあがった島で伊弉冊尊と結婚。これが日本の元になりました

伊弉《いざ》冊尊《なみのみこと》

伊弉諾尊の妹であり妻。日本国土を形作る多数の神々を産みました。創造神として信仰されています

天照《あまてらす》大神《おおみかみ》

月讀命（つくよみのみこと）、素盞嗚命と並び、伊弉諾尊が産んだ三貴子のひとり。皇室の祖神で日本人の総氏神

素戔《すさ》嗚命《のおのみこと》

高天原から出雲に下ると八岐大蛇を退治しました。日本神話の代表的神格で出雲神話の祖神とされています

大国《おおくに》主命《ぬしのみこと》

素盞嗚命の子孫で出雲大社の祭神。天照大神に国土を献上したことから「国譲りの神」とも呼ばれています

お社の形にも注目！

本殿の建築様式は、いくつかの種類に分けられます。代表的なのは伊勢神宮の「神明造」と出雲大社の「大社造」。どちらも定期的に建て替えるので、創建当初とほぼ変わらない姿です。ほとんどの様式に通じるのは、屋根に妻があり、瓦と土壁を用いないこと。

神明造《しんめいづくり》

屋根が反っていないため直線的な外観なのが特徴。伊勢神宮の様式はとくに唯一神明造といいます

大社造《たいしゃづくり》

建物はほぼ正方形。屋根に優美な曲線が与えられているのと、入口が向かって右にあるのが特徴です

権現造《ごんげんづくり》

発祥は元和３年（１６１７）創建の久能山東照宮です。本殿と拝殿の間を別棟の中殿で連結しています

流造《ながれづくり》

全国でもっとも多い本殿形式。屋根の前のほうが長く伸びていて向拝（こうはい）を覆っているのが特徴です

境内にあるものもCheck！

鳥居《とりい》

人間界と神界を隔てるのが役割。くぐったら神様の通り道である真ん中は歩かないように

狛犬《こまいぬ》

日本にだけ見られる霊獣。魔除けや神様を守護します。２つで一対の「阿吽」が基本です

手水舎《ちょうずや》

聖域に入る前に手や口、肉体についた穢れや邪気を祓い清める場所で、「水盤舎」「御水屋」とも

拝殿《はいでん》

本殿の前にあり神職が祭祀をし、参拝者がおまいりをする場で、人間のための建物です

本殿《ほんでん》

ご神体を祀る神殿。瑞垣などで覆われ、内部は見えにくい構造になっているのが一般的

摂社《せっしゃ》・末社《まっしゃ》

境内に立つ小規模な社で、主祭神と縁の深い神様を祀っているのが摂社、それ以外が末社

おまいりの前に！

参拝マナーをおさらい

参拝の際、大切なのは感謝の気持ちと正しいマナー。御朱印集めはスタンプラリーではありません。身を清め、正しい参拝手順で、気持ちよく神様と会話してから御朱印をいただきましょう。少しの知識で、御朱印と神様が幸運を運んでくれます。

1 鳥居をくぐって神域に入る

近道がある場合でも、きちんと鳥居の下をくぐって神域へ向かいます。中央は神様の通り道なので、参拝者は左右どちらかへ寄りましょう。

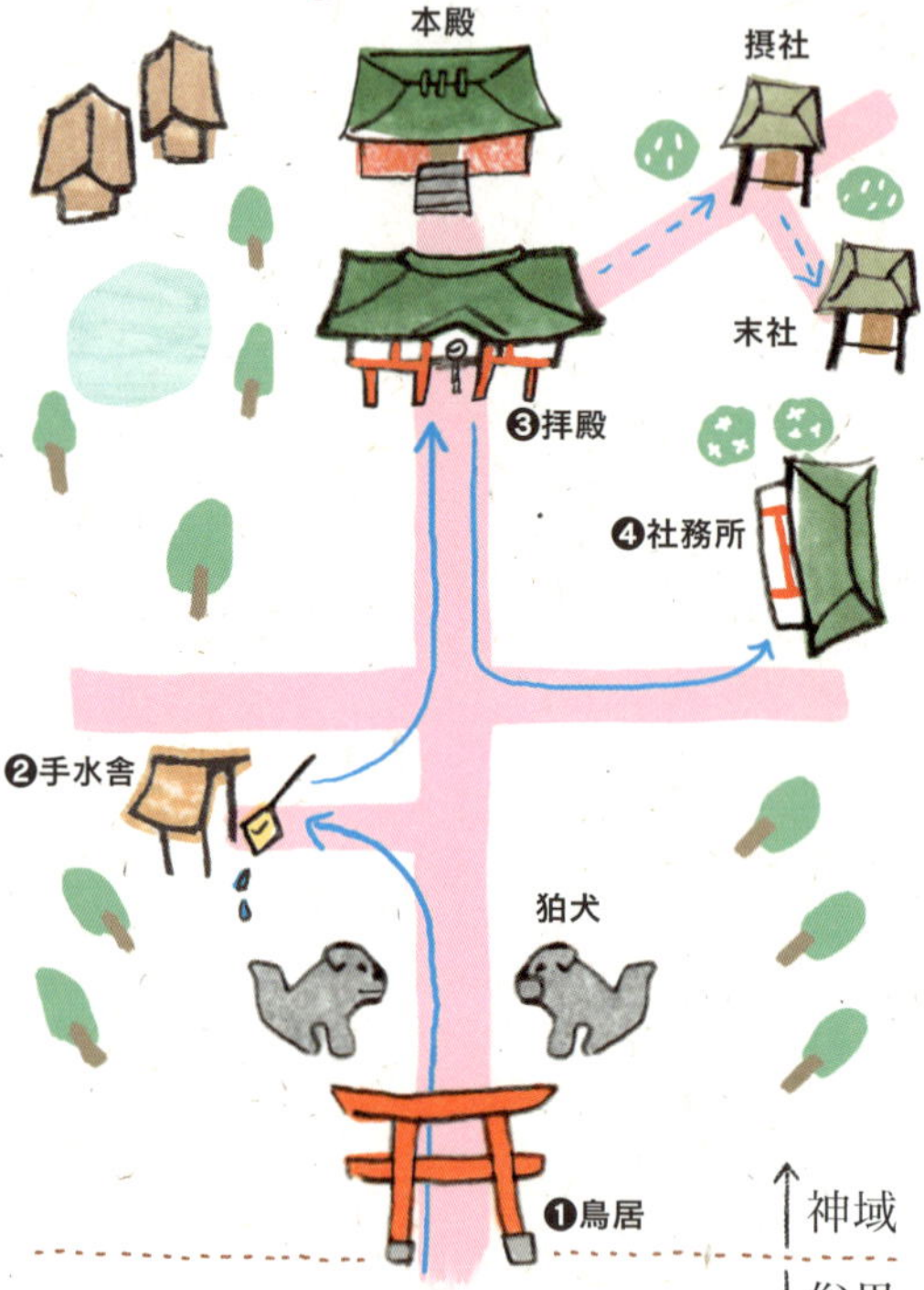

【境内のようす】

マナー

❶ 鳥居の前では一礼を
❷ 参道は中央を歩かないようにしましょう

2 手水舎《ちょうずや》で身を清める

鳥居をくぐったら手水舎へ向かいます。神様の前へ出る前に身の穢れを清めましょう。沐浴など「禊《みそぎ》」の儀式を簡略化したのが手水舎での手順です。具体的な手順はお寺（→P22）と一緒。丁寧に行いましょう。

注連縄は神域の入口

白い紙垂《しで》をつけた縄。天照大神が天岩戸《あまのいわと》から出た際、二度と天岩戸に入れないよう太《ふと》玉命《たまのみこと》という神様が注連縄で戸を塞いだのが起源とされます。

3 拝殿で神様と対話する

鈴があれば静かに1回鳴らし、お賽銭を納めてから二拝二拍手一拝。願い事がある場合は二拍手の後に心のなかで述べるようにしましょう。

深く2度礼をする
2度手を叩く

最後に深く一礼する

マナー

❶ お賽銭は遠くから投げない

❷ 混んでいるときは正面で一礼した後、脇へ寄って祈りましょう

4 社務所で御朱印をいただく

おまいりをすませたら社務所へ。御朱印帳を渡し、書き上がったら呼び出されるので、お礼を述べて受け取ります。最後に自分の御朱印帳かよく確認を。

参拝後に社務所などを訪ねる

目の前で書いていただけるとは限らない

マナー

❶ 小銭を用意しておきましょう

❷ 御朱印帳のカバーなどを外しておきます

❸ 書いていただいている間は静かに待機

Q 地元のお寺や神社でも御朱印はいただけるの?

A ほとんどの寺社でいただけます

日中に僧侶や神職が駐在されていれば、ご対応いただけることが多いようです。ただし、地元の自治会で管理しているような寺社では御朱印の用意がない場合もあります。ちなみに、浄土真宗の本願寺派や真宗の大谷派のお寺では、御朱印の授与はしていません。

御朱印めぐり 知っておきたいQ&A

これから御朱印集めをはじめる人が感じる素朴な疑問。あんな事やこんな事についてお答えします!

Q 御朱印をいただくなら何時頃がベスト?

A 9~16時が一般的

寺社によって異なりますが、御朱印がいただけるのは、概ね午前9時~午後4時までの間です。境内の開門時間とは別に御朱印の受付時間を設けている寺社がほとんどなので注意を。受付時間終了の直前や、時間外にお願いするのはマナー違反です。

Q 御朱印所が境内で見つからないときは?

A 境内にいらっしゃる人にたずねてみて

神社なら社務所、お寺なら寺務所、お札やお守りを授与する場所で御朱印をいただける場合がほとんど。寺社によっては「朱印所」「朱印受付」などと掲示された場所が別に設けられている場合もあります。不明な場合は、いらっしゃる方に聞いてみてください。

Q 御朱印をいただけないときもあるの？

A 授与の強要は絶対にNG

書き手が不在であったり、神事、法事、催事などで多忙の場合は対応できないこともあります。そうしたときのために、あらかじめ御朱印を書き置きしてくださっている寺社もあります。参拝時に授与を断られても、決して強要してはいけません。

Q どうしてひとつの寺社にいろいろな御朱印があるの？

A 大規模な寺社ほど多様な傾向

例えば関東八十八カ所霊場や坂東三十三観音霊場などの札所になっていれば、通常の御朱印以外に、札所としての御朱印も用意しています。また、大規模な寺社では本堂だけでなく摂社、末社、奥の院など、それぞれに御朱印があることも。複数の御朱印がある場合は、自分が希望する種類をきちんと伝えましょう。

Q 本に掲載されているのと同じ御朱印をいただける？

A 御朱印はそのときだけのオンリーワン

御朱印はいつも同じ方が書いてくださるとは限りません。書き手が変われば当然筆致も変わります。また、催事や行事の期間中には、そのときだけの限定御朱印が登場することも。その際は通常の御朱印はいただけないかもしれません。本書だけでなく、インターネットなどに掲載されている御朱印はあくまでも一例。期待していたとおりの御朱印でなくても、それがご縁と考え受け止めてください。御朱印との出会いは一期一会だからこそありがたいのです。

Q 御朱印をいただくのは参拝の前？後？

A 基本的には参拝後がルール

参拝をすませてから御朱印をいただくのがマナーです。ただし、最近は御朱印を求める人が多くなったため、その対策として参拝前に御朱印帳を預け、参拝している間に御朱印を書いていただくというシステムを採用している寺社もあるようです。どちらかわからない場合は、寺社の方にたずねてみましょう。

Q 御朱印はその場ですぐ書いていただけるの？

A 混み具合によってケースバイケース

どの寺社もなるべくスムーズに授与できるよう努力してくださいますが、混み合っていれば1時間以上かかる場合もあります。目の前で書いていただけるか、寺務所や社務所の奥で書かれるかは寺社それぞれ。帰りのバスや電車の時間が気になるようであれば、最初にどのくらい時間がかかるか聞いたほうがよいでしょう。

Q 御朱印帳以外の紙でも書いていただける？

A 寺社が用意する半紙なら大丈夫

もしも御朱印帳を忘れてしまったら、受付にその旨を伝えてください。たいていの場合、寺社で用意してある紙に書いてくださるか、書き置きの御朱印を渡してくださいます。帰宅後に御朱印帳に貼って保管しましょう。ノートやメモ帳には書いていただけません。

Q 御朱印をいただくとき収めるべき金額は？

A ほぼ500円

御朱印をいただく際に収めるお金を神社では初穂料、お寺では朱印料などと呼びます。ほとんどは500円ですが、志納（気持ち）としている寺社もあります。お金を渡す際にはお釣りが発生しないよう、小銭を用意しておくのがマナー。御朱印は金銭を支払って購入するものではないからです。

Q 一度に複数の御朱印をいただいてもいいの？

A すべておまいりしていただくのが条件

本堂、摂社、末社、奥の院、観音堂などそれぞれに御朱印がある場合は、それらにおまいりしたうえでいただくのであれば、マナー違反にはならないでしょう。本堂だけしかおまいりしていないのに、ほかの御朱印までいただくのは「神様や仏様と繋がった証」という御朱印の趣旨に反している行いです。

Q 携帯すると便利なものは？

A 御朱印帳入れはマストアイテム

大切な御朱印帳を入れるポーチや巾着袋があれば、御朱印帳が汚れたり荷物のなかに紛れたりしないので便利です。また、パンフレットや地図などの資料も一緒に収納できます。その他の便利グッズはP76でも紹介しています。

Q 御朱印帳を渡すときに注意することは?

A 御朱印帳の上下をチェック

御朱印帳のカバーや裏写り防止用の紙などはすべて取り除いてください。書き手に挨拶をして、帳面を開いて「ここにお願いします」のひと言をかけ、両手を添えて渡します。このとき、帳面の上下を間違えないよう注意しましょう。

Q 神社用とお寺用で御朱印帳は分けるべき?

A 使い分けるのがベター

明確な決まりはありませんが、一部のお寺では「神社の御朱印帳には書けません」と断られることもあるそう。少なくとも神社用とお寺用で分けて使用する方がよいでしょう。また、恋愛成就祈願用、東京の寺院用など、自分ならではのテーマごとに使い分けても楽しいですね。

Q 御朱印ビギナーが気をつけることは?

A 神仏への敬意を払って参拝

神仏への敬意さえ忘れなければ、あまり難しいことを考える必要はありません。マナーを守っておまいりし、素敵な御朱印をたくさん集めてください。あえて一つ注意点を上げるとすれば、御朱印帳に名前を書くのを忘れないということでしょうか。御朱印を書いてもらって御朱印帳を受け取るときに、ほかの人のものと取り違えないよう工夫が必要です。

Q 御朱印は郵送してもらえる?

A 参拝していただくのが基本

御朱印は参拝して神仏とご縁を結んだ証としていただくものです。基本的に参拝せずにいただくことはできません。ただし、病気で出向けないが快癒祈願にいただきたい場合、代理の方が御朱印をいただくことは可能です。このような理由もなく、代表者が友人の御朱印帳を預かって参拝する行為はもってのほかです。

Q 御朱印をいただいた後に話しかけても大丈夫?

A わからないことは聞いてみて!

受付が混んでいなければ、神仏についてや宗派の教えなどについて質問しても構いません。それによって神仏への理解が深まるのであれば、快く応じてくれるでしょう。ただし、あまり長くならないように。

御朱印・神社メモさんに聞いた！

忘れられない心に残った御朱印3選

訪れた神社と拝受した御朱印を記録したInstagramはフォロワー5万人以上。そんな御朱印・神社メモさんに、忘れられない印象的な御朱印を聞きました。

御朱印・神社メモ

東京生まれ東京育ちで、毎日和服で生活する。都内を中心に神社巡りを行い、2005年春より参拝の証に御朱印集めを開始。神社の魅力を伝えるため、2015年にブログを開設したほか、XやInstagramでも情報を発信し、人気を集めている。

X…@jinjamemo
Instagram…@jinjamemocom
ブログ…jinjamemo.com

右の印……上・奉拝 下・縁結び祈願
中央の印…上・天赦日 一粒万倍日寅の日 中・縁EN 下・渋谷氷川神社
左の印……上・弥生縁日 下・社紋

渋谷氷川神社（→P80）

- 直書き…可
- 書き置き…可
- 初穂料…500円
- 拝受期間…毎月15日（書き入れは9時～16時半、書き置きは～17時まで）
- 受付場所…社務所
- 予約…不可
- 郵送対応…不可

毎月15日に頒布される、ハートたっぷりでキュートな縁結び御朱印です。いただいた日は天赦日・一粒万倍日・寅の日が重なる最強開運日でした

中央の字…田無神社 一楽萬開
中央の印…田無神社

田無神社（→P102）

- 直書き…不可
- 書き置き…可
- 初穂料…1500円
- 拝受期間…通年
- 受付場所…御朱印処
- 予約…不可
- 郵送対応…不可

五龍神を切り絵で表現した美しい御朱印です。白黒版とカラー版の2種類あります。写真は白黒版で社紋も切り絵で表しています

右の字……上・奉拝 下・猖獗退散
中央の字…熊
左の字……熊野町熊野神社
右の印……熊野神社
左の印……上・熊野神社之印 下・熊野神社之印
左右の絵…アマビエ

なんとも迫力のある、コロナ禍で授与を始めた4面アマビエ御朱印。手書きで4頁使用して御朱印帳にいただけます

熊野町熊野神社（→P45）

- 直書き…可
- 書き置き…可
- 初穂料…直書き1500円、書き置き700円
- 拝受期間…通年（公式HP他各SNSの社務所の休みを参照）
- 受付場所…社務所
- 予約…不可
- 郵送対応…可

第3章

テーマでめぐる御朱印

御朱印自体の特徴や寺社のロケーションで、御朱印をいくつかのジャンルに分けてご紹介。きっとあなた好みの一枚が見つかります。

❶ 美しく印象的な筆さばき

書き手により御朱印の墨書はさまざま。さらに手書きであるため、同じものがひとつとして存在しないのも魅力です。なかでも思わず見とれてしまう巧みなものをご紹介！

神奈川

建長寺

●けんちょうじ

日本最古の本格的な禅寺で感じる筆心

伝来当初の禅の真髄や壮大な建築物を色濃く遺す日本最初期の禅寺では、心を揺さぶる美を感じることもできるのです。

鎌倉幕府五代目の執権である北条時頼《ときより》が、宋の高僧を招いて創建した日本初の禅宗専門道場。宋でもっとも位の高かった五山の一角、径山万寿寺《きんざんまんじゅじ》に習い建築され、三門や仏殿、法堂が一直線に配されているのが特徴です。その後の度重なる火災で大部分が消失しましたが、江戸時代初期に活躍した沢庵和尚が尽力して再建。中国式の威風堂々たる伽藍《がらん》建築を現代まで遺す貴重な古刹として、国の史跡にも指定されています。その美しさは万人の感性を刺激するはず。

➡初代住職の宋の高僧が作庭したとされる方丈庭園。中心の池は心という文字を形どっています

⬆上層下層とも屋根のある門のなかでは、東日本最大級である三門。非公開の上層には五百羅漢像などが安置されています

ご利益おもちかえり

巨福《こふく》豆お守り 600円

⬆建長寺の山号「巨福山《こふくさん》」にちなんだ、巨《おお》いなる福を宿した小さなお守り。10種類あります

雲龍ミラー 2200円

⬆法堂の雲龍図が描かれた八角形の手鏡。五爪の龍には大願を成就する力が宿るそうです

⬅創建当時から残る貴重な梵鐘は、鎌倉三名鐘のひとつであり、国宝

⬅鎮守所の半僧坊に祀られる半僧坊大権現。招福や火除けのご利益があると評判です

+αメモ／けんちん汁の発祥は、建長寺の修行僧が豆腐を落とし崩してしまったところ、初代住職が丁寧に洗って汁の中に入れたのが始まりといわれています。また、野菜を油で炒めるという調理法をもたらしたともいわれています。

心を落ち着かせてくれる筆跡。伝わる禅の心

右の字…奉拝／中央の字…南無地蔵尊／左の字…大本山 建長寺／右の印…地蔵菩薩／中央の印…仏法僧宝(三宝印)／左の印…上・天下禅林 下・建長寺

ココだけの御朱印帳！

禅の言葉は人生のヒント！

➡金色に輝く「天下禅林」の文字。人材を広く天下に求めて育成する禅寺を意味しています。2000円

境内の四季を彩る花々

◆ボタン
3月下旬～5月上旬。三門前で高貴な花を咲かせます

◆桜
3月下旬～4月上旬。参道の並木道で咲き誇ります

◆ハス
7月中旬～8月上旬。至るところにある水瓶で開花

◆紅葉
11月中旬～12月下旬。花に負けない鮮やかさです

DATA 建長寺

臨済宗《りんざいしゅう》 巨福山《こふくさん》
地蔵菩薩
建長5年(1253)
寄棟造(仏殿)
住 神奈川県鎌倉市山ノ内8
交 JR横須賀線北鎌倉駅から徒歩15分
料 500円

荘厳かつ印象的な仏教美術にも注目！

⬅江戸時代初期に増上寺から移築された絢爛豪華な唐門。二代将軍・徳川秀忠の妻を安置した霊屋の門だったそうです

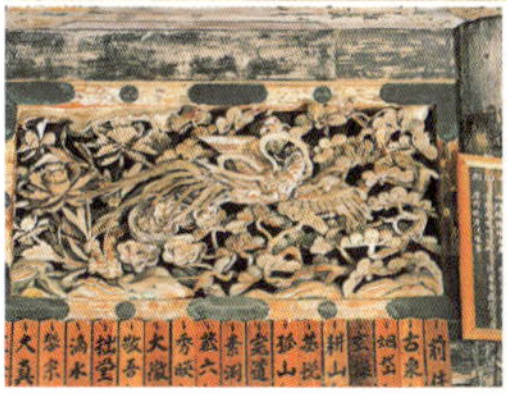

⬆➡地蔵菩薩坐像は仏殿に鎮座するご本尊。室町時代のもので、像高は約4.8mと禅寺としては大規模です。その周囲には見事な彫刻が施された欄間や格子天井の絵も

⬅法堂天井画雲龍図は、鎌倉で活動した故小泉淳の作品。創建750年の記念事業の一環として描かれました

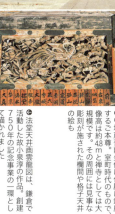

東京

経王寺《きょうおうじ》

新宿山ノ手七福神の大黒様におまいり！

数々の火災を乗り越えた大黒様がご本尊。豪快な太字の御朱印も印象的です。

開創は尊重院日静《そんじゅういんにちじょう》上人《しょうにん》という僧。謎に包まれた人物で、生没年のほかは日法上人作の大黒天像を身延山から江戸に移し、ここ経王寺に安置したことだけが知られています。もちろん、その大黒天像は今も健在。度重なる火災から焼失を免れたため「火防せの大黒天」と呼ばれ信仰を集めました。60日に一度の甲子の日の甲子祭では、開運火防大黒天がご開帳されます。

↑牛込柳町の駅近くにある静かな古刹。境内には枝垂れ桜があり、春には華やかな景観に

力強い墨痕鮮やかな大黒天の文字

右の字……新宿山ノ手 七福神
中央の字…大黒天
左の字……経王寺
右の印……大黒天
中央の印…自らその有を守る
左の印……経王寺

いろいろな大黒様に注目！

←境内にはご本尊とは異なる大黒様の像も。本堂へのおまいりをすませたら、こちらも忘れずに参拝を

伸びやかに書かれた日蓮宗の御首題

右の字……上・奉拝 下・大乗山
中央の字…右・慈眼視衆生 中央・南無妙法蓮華経 左・福聚海無量
左の字……経王寺
右の印……お題目で描いた大黒天
中央の印…妙法蓮華経序品第一
左の印……大黒天 経王寺

↑御首題帳を持っている方のみ、本堂で読経の後に授与されます。書置きはありません

ココだけの御朱印帳！

→黒地に金で描かれた、大黒天の打ち出の小槌をあしらった印象的なデザインです。1500円

ご利益おもちかえり

開運・厄除守 500円
↑数々の火災を乗り越えたご本尊にあやかり、開運、厄除けを祈願

大黒天守 500円
↑大黒天に開運招福のご利益を祈願する、紙包みのお守りです

DATA 経王寺
日蓮宗　大乗山《だいじょうざん》
大黒天　慶長3年(1598)
住 東京都新宿区原町1-14
交 都営大江戸線牛込柳町駅から徒歩すぐ
料 無料

+α メモ　大黒堂には大黒天の打ち出の小槌があり、願いを込めながら3回振ると成就するといわれています。誰でも触れることができますので、ぜひ祈願してみてください。

東京

曼荼羅美術館もぜひチェック！

観蔵院

かんぞういん

2000坪以上という広大で緑豊かな境内には、数多くの曼荼羅を収蔵する美術館も併設されています。

もともとは石神井台にある三寶寺の塔頭でしたが、文明9年（1477）に現在の場所に移転したという記録が残っています。それ以前の創建の詳細は不明。かつては境内に寺子屋が置かれていたそうですから、古くから地域に親しまれていたということがわかります。境内に併設している曼荼羅美術館（土・日曜の10〜16時開館、臨時休館あり）では、貴重な曼荼羅や梵字の書を見られます。

↑現在の本堂は弘法大師1150年御遠忌記念に建立したもの

➔生徒が恩師の菩提のために建立した筆子供養塔。かつてここで寺子屋が開かれていたことを証明する遺跡です

←山門前では地蔵尊が参拝者を出迎えます。享保12年（1727）と刻銘されています

アーティスティックな梵字の御朱印

➔平筆で書く独特の書体が特徴。住職不在時は書き置きになります

右の字……奉拝
中央の字……カンマン（梵字）不動明王
左の字……上：南田中　下：観蔵院
右の印……第八十一番
中央の印……仏法僧宝（三宝印）
左の印……慈雲山曼荼羅寺観蔵院之印

豆知識

◆梵字とは？

日本で梵字と呼ばれているのは、インドのブラーフミー文字という系統の文字のうち、6世紀から10世紀頃に使われていたもの。仏教経典とともに当時の中国を経由して日本にもたらされました。

こちらもCHECK

◆曼荼羅美術館

境内の一角にある建物は、全国でもめずらしい曼荼羅の美術館。曼荼羅のほか、日本の仏画、ネパールの仏画、民俗画、梵字の書などが展示されています。開館は土・日曜の10〜16時（入館は〜15時30分）

DATA 観蔵院

真言宗　慈雲山《じうんさん》
不動明王　不明
入母屋造
住 東京都練馬区南田中4-15-24
交 西武池袋線練馬高野台駅から徒歩10分
料 無料（曼荼羅美術館は500円）

+αメモ　曼荼羅美術館の年間最大の行事は、毎年11月上旬に開かれる仏画悉曇特別展です。観蔵院に縁の深い染川英輔画伯の作品のほか、貴重な仏画や曼荼羅が多数展示されます。

東京

江戸の花街に思いをはせて

吉原神社《よしわらじんじゃ》

かつて吉原にお祀りされていた5つの稲荷神社と、旧吉原遊郭に隣接する吉原弁財天を合祀して創建された神社。遊郭の歴史とともに歩んできた神社で、開運、招福、縁結びなどにご利益があるといわれています。徒歩1分ほどの場所には吉原弁財天奥宮も。

➊社殿は昭和20年（1945）の東京大空襲で焼失した後、昭和43年（1968）に造営されました

ココにも注目！

➋地中の神様を祀るお穴様。心を込めておまいりすると福が得られるといわれています

ココだけの御朱印帳！

➌シンプルでありながら華やかな吉原らしい御朱印帳。1500円

蛇で字を描くグラフィカルな御朱印

右の字……奉拝
中央の字……よしわら弁財天
右の印……浅草名所七福神
中央の印…上・弁財天の琵琶　下・吉原神社

ご利益おもちかえり

小槌根付 700円

➊小さく携帯しやすい小槌型の鈴つき根付。福を運んでくれます

弁財天守り 800円

➊弁財天が持つ琵琶がデザインされたお守り

DATA 吉原神社
倉稲魂命《うかのみたまのみこと》・市杵島姫命《いちきしまひめのみこと》
明治5年（1872）
寄棟造
住 東京都台東区千束3-20-2
交 東京メトロ日比谷線入谷駅から徒歩15分
料 無料

東京

都心の静かなパワースポット

成子天神社《なるこてんじんしゃ》

新宿の高層ビル街の至近にありながら静けさに包まれる境内は、まさに神域といった趣。天神様を祀ることから主に学問、厄除けのご利益が知られていますが、ほかにもさまざまなご神徳があります。境内には富士塚や七福神なども祀られています。

中央に書かれる独特な書体の文字

右の字…上・奉拝　下・新宿天満宮 成子天神社／中央の字…天満宮／中央の印…上・社紋（剣梅鉢）　下・成子天神社

ココだけの御朱印帳！

➋シックな黒字に金色で、菅原道真公のシルエットを大胆にデザインした天神様の御朱印帳。1500円

➌天神様を祀る本殿は2013年に新たに造営されたため、非常に色鮮やかな紅色。心地よい気分でおまいりができそう

ココにも注目！

➍境内には、もっとも神格の高い天照皇大神をお祀りする大神宮も鎮座しています

ご利益おもちかえり

合格守 600円

➍梅の花のデザインが入った合格祈願のお守り

心守り 600円

➍随所に近代的デザインを取り入れる成子天神社らしいお守りです

DATA 成子天神社
菅原道真公
延喜3年（903）
入母屋造
住 東京都新宿区西新宿8-14-10
交 東京メトロ丸ノ内線西新宿駅から徒歩2分
料 無料

+α メモ　成子天神社の境内各所には七福神の像がそれぞれ鎮座し、ここだけで七福神めぐりができます。そのほかにも、さまざまなお社があり、それが「めぐり天神」と呼ばれる所以です。

東京

上野東照宮《うえのとうしょうぐう》

家康を祀る出世と勝利の神社

東照大権現・徳川家康を祀る東照宮は日光だけではありません。豪華絢爛な金色殿や無数の灯籠をはじめ、境内には見どころも豊富。

寛永4年(1627)、徳川家康の遺言を受けた藤堂高虎が上野の地に建立したと伝わっています。境内には震災や戦災を免れた貴重な文化財が多数。また境内にはぼたん苑もあり、元日から2月下旬、4月上旬から5月上旬の「ぼたん祭」の期間は、特別な御朱印もいただけます。

黄金に輝く本殿は、慶安4年(1651)、三代将軍・家光による改築

唐門に施された精緻な彫刻に注目

境内の唐門には色鮮やかで精緻な彫刻が。両脇にある昇り龍・降り龍は、日光東照宮の眠り猫で知られる左甚五郎の作です。なお、「偉大な人ほど頭を垂れる」ことから、頭を下げている方が「昇り龍」と呼ばれています

名だたる偉人たちが奉献した200基以上の灯籠が並ぶ光景も見どころ。とくに佐久間勝之が奉納した石灯籠は高さ6m、笹石の周囲3.36m以上の巨大なサイズ。その大きさから「お化け灯籠」と呼ばれています

グラフィカルで、力強い筆致が印象的

中央の字…上野東照宮
中央の印…天海僧正 東照神君 藤堂高虎
左の印……上野東照宮社務所

ご利益おもちかえり

印籠守 800円

水戸黄門でおなじみの印籠がモチーフ。徳川家の家紋である葵の家紋入りです

パンダの御守 800円

紐でパンダの耳を表したキュートなお守り。生活安全を祈願

DATA 上野東照宮

- 徳川家康・徳川吉宗・徳川慶喜
- 寛永4年(1627)
- 権現造
- 住 東京都台東区上野公園9-88
- 交 JR山手線ほか上野駅から徒歩5分
- 料 無料(透き塀内拝観は500円)

+α メモ 境内の見どころのひとつは、昭和55年(1980)に日中友好を記念して開かれた「上野東照宮ぼたん苑」。400株以上の見事なボタンが咲き、春と冬の見頃の開苑期間は多くのファンで賑わいます。

❷ かわいい動物や植物コレクション

御朱印には動植物がワンポイントで登場することも。縁起のよい象徴であったり、寺社と関わりの深い生き物だったり。御朱印を通してその由来を知るのも面白いものです。

神奈川

泥は煩悩、牛は仏さまを表す 泥牛庵《でいぎゅうあん》

動物の名前を冠する寺号《じごう》が印象的ではありますが、ひっそりとした高台に佇み地域に根づく質実剛健なお寺です。

➡本堂前の立派な木は桜。春には見事な花が咲き誇ります。その下には親子蛙の像なども

鎌倉時代の末期に南山士雲《なんざんしうん》という徳の高い和尚さまが旧暦正月、春節の時期に開山したという禅刹。和尚は煩悩を泥に、仏を牛に喩えたそうです。また、田んぼを耕す労働力である牛を模した泥人形を春節にお供えする、当時の農民たちの風習も名の由来と考えられています。

高台から地域一帯を長い間見守ってきた、山門と本堂、墓地だけの落ち着いた佇まいの寺院です。

地蔵菩薩にもご参拝

⬇南北朝時代に起きた小山氏の乱にて小山城主の子どもが犠牲になり、供養のために地蔵堂が建てられました。その遺物が本堂脇にある石造りの子育て六浦地蔵尊です ⬅本尊の聖観世音菩薩像の隣に鎮座する金色の地蔵菩薩像も崇高な雰囲気をまとっています

子どもの健やかな成長を願う菩薩の微笑み

左の字…六浦地蔵堂
絵……六浦地蔵尊と熊手

慎ましやかに浮かぶ牛は仏の御心

右の字……奉拝
中央の字…聖観音
左の字……泥牛庵
右の印……吼月山
中央の印…仏法僧宝(三宝印)
左の印……泥牛禅庵

⬆境内にある臥牛銅像。撫でる牛として、特に丑年生まれの来山者がおまいりに訪れます

⬆祭壇に鎮座する聖観世音菩薩像。鎌倉幕府第十四代執権・北条高時の護持仏です

➡見事な茅葺屋根の山門。奥には閑静な境内が見えます

DATA 泥牛庵

臨済宗　吼月山《くげつさん》　聖観世音菩薩

正中2年(1325)　入母屋造

住 神奈川県横浜市金沢区瀬戸11-15 交 京浜急行電鉄横浜シーサイドライン金沢八景駅から徒歩3分

料 無料

+α メモ／泥牛庵は観光寺院ではないこともあり、不定期に御朱印受付をお休みすることがあります。書き置きの御朱印は用意されていますが、事前にホームページを確認してから参拝を。

埼玉

参拝すれば総理大臣にまで出世!?

高麗神社

●こまじんじゃ

1300年の長きにわたり高麗郷を守り続ける古社。境内に咲く四季折々の花は、押し印のモチーフに。

主 祭神は、かつて朝鮮半島から中国に栄えた高句麗《こうくり》から渡来した高麗王若光《こまのこきしじゃっこう》です。若光は霊亀《れいき》2年(716)に武蔵国に新設された高麗郡の首長に任命されると、大陸の高い技術を用いてこの地を開拓。その遺徳を偲んで御霊をお祀りしたのが高麗神社のはじまりです。鳩山一郎や平沼騏一郎らが、参拝後に総理大臣になったことから、出世明神としても知られています。

魔除けの将軍標

➡奥の本殿は安土桃山時代の建立で県指定の文化財です

ご利益おもちかえり

厄除うちわ 700円

⬅朝鮮半島で魔除けのために村落の境界に設置していた将軍標をモチーフにしたうちわ

ココだけの御朱印帳!

⬅緑豊かな鎮守の杜をイメージしたデザイン。布張りで気品が漂います。2000円(御朱印込)

中央の字…高麗神社
右の印……高麗郷鎮守
中央の印…高麗神社

➡御朱印には月替りで境内に自生する山野草の印を押していただけます

四季の移ろいを表現する多彩な押し印

14種類の押し印

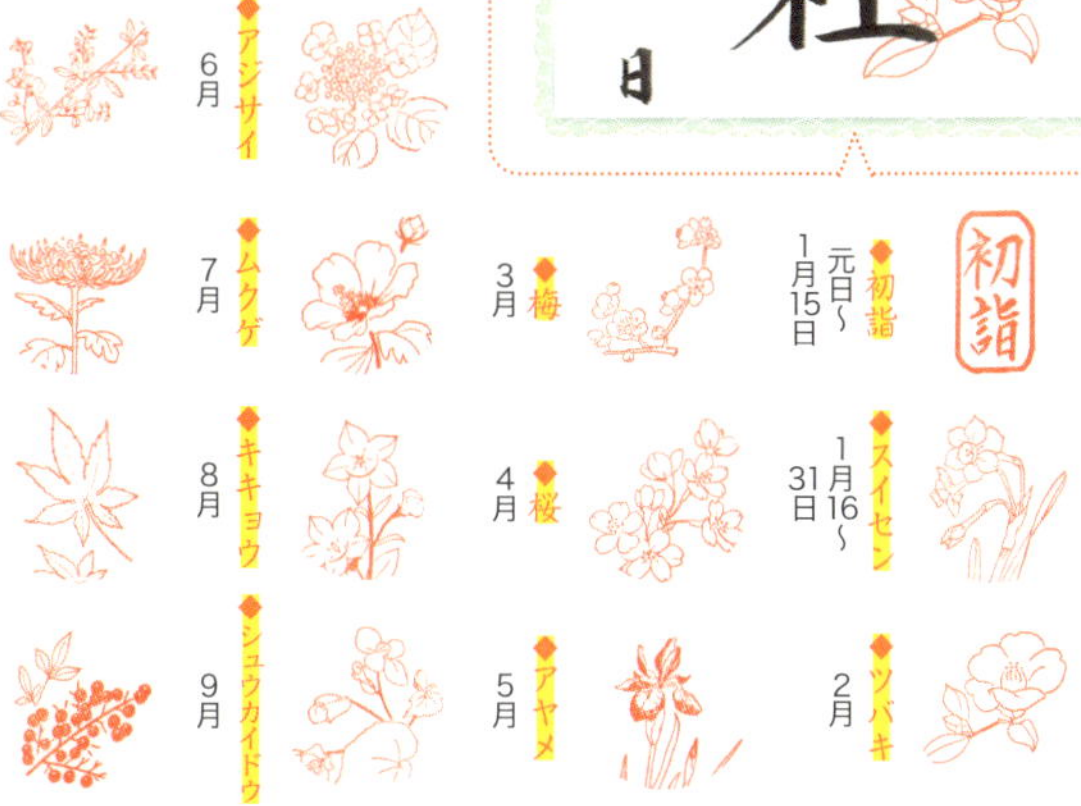

押し印	期間
初詣	元日〜1月15日
スイセン	1月16〜31日
ツバキ	2月
梅	3月
桜	4月
アヤメ	5月
アジサイ	6月
ムクゲ	7月
キキョウ	8月
シュウカイドウ	9月
ハギ	10月
キク	11月初旬の菊花展期間中
モミジ	11月
ナンテン	12月

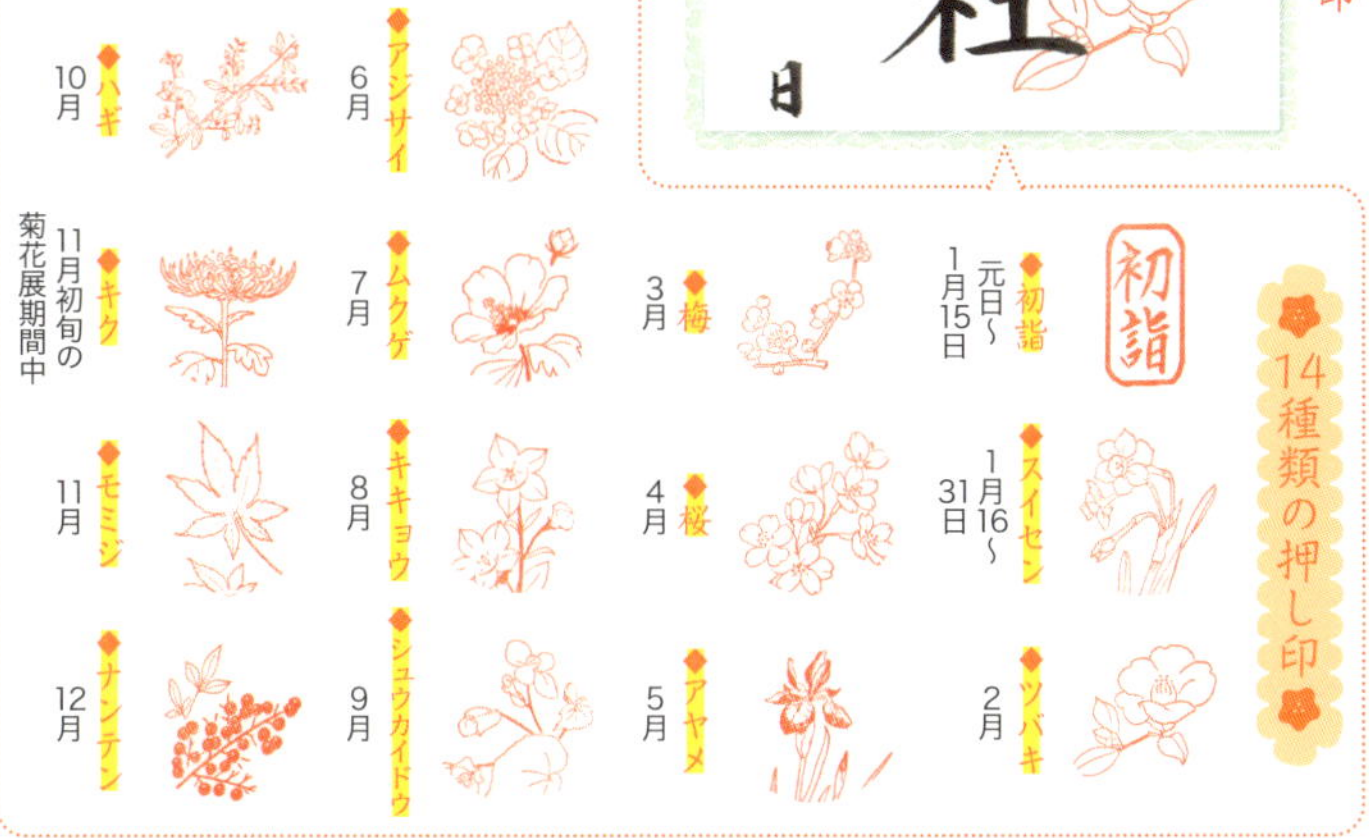

国の重要文化財・高麗家住宅

➡境内には江戸時代初期に建てられ、昭和46年(1971)に国の重要文化財に指定された高麗家住宅が。3月末に咲く背後の枝垂れ桜も見事です

DATA 高麗神社

高麗王若光

奈良時代　一間社流造《いっけんしゃながれづくり》

住 埼玉県日高市新堀833

交 JR川越線高麗川駅から徒歩20分

料 無料

+αメモ／境内にある小高い山の上には安徳天皇を祀った末社の水天宮があります。こちらは水難除けの霊験あらたか。水天宮におまいりした人がもらえる御朱印もあります。

東京

常保寺《じょうほじ》

室町時代から続く鎌倉・建長寺の末寺

常時10種類以上の御朱印や、60種以上のはさみ紙を用意。境内だけでなく、本堂内部やご本尊も撮影できます。

↑境内の一角には招き猫の石像・猫地蔵を安置。昭和中期、青梅市内の別の寺院より引き取ったものだとか。背面には「南無妙法蓮華経」の文字が彫られています

↑ご本尊のお釈迦様、日光菩薩、月光菩薩などが安置される本堂は昭和55年（1980）の再建。内部もご本尊も自由に撮影できます

←境内にある白滝不動尊には、不動明王の化身である黒龍が剣に巻き付き飲み込もうとしている尊像が安置されています

創建は応永年間（1394～1428）。何度かの火災により資料が消失したため縁起の詳細は不明ですが、境内に小さな滝があることから山号が瀑布山《ばくふざん》となったと伝わっています。猫地蔵が安置されていることから、動物の姿を描いた御朱印も多く、その種類は10種以上。カラフルでグラフィカルな御朱印のほか、イラストや仏教の教えが書かれた60～70種のはさみ紙も人気を集めています。

境内の猫地蔵をデザインした開運祈願の印

左の字……招き猫
右の印……青海招き猫地蔵尊
左の印……上・仏法僧寶(三宝印)
下・常保禅寺

誕生日にいただける特別な御朱印

中央の字…幸ある人生
福ある一年
右の印……誕生日御朱印
中央の印…仏法僧寶(三宝印)
左の印……上・ヨッ！めでたい
下・常保寺

令和6年11月限定 黒の双龍の御朱印

中央の字…双龍
右の印……瀑布山
中央の印…仏法僧寶(三宝印)
左の印……常保禅寺

ココだけの御朱印帳！

御朱印と同じ招き猫地蔵尊が描かれた御朱印帳。2000円

DATA 常保寺

- 臨済宗
- 瀑布山
- 釈迦牟尼如来
- 応永年間(1394～1428)
- 宝形造
- 住 東京都青梅市滝ノ上町1316
- 交 JR青梅線青梅駅から徒歩5分
- 料 無料

+αメモ 御朱印受付は休みの日もあります。電話での問い合わせは不可のため、ホームページにある御朱印カレンダーを確認してから訪れましょう。

茨城

戦闘機マニア垂涎の御朱印もいただける

素鵞神社

●そがじんじゃ

イラスト風の神様の御朱印が躍動感抜群で話題。兼務社のものも合わせて御朱印はバラエティ豊かです。

その昔、利根川水系の園部川河口で、地元の兄弟が鯉に守護されるご神体を発見。この話を聞きおよんだ城主が、素戔嗚尊《すさのおのみこと》を城外に、櫛稲田姫命《くしいなだひめのみこと》を場内に分祭鎮座したのが神社創建の由来です。二柱の神様を合わせた御神徳は、縁結と和合。また、素戔嗚尊が八岐大蛇を退治した逸話から、厄除・必勝のご利益も授かれるといわれています。近年は、多種多様な御朱印でも評判です。

⬆屋根の千鳥破風に加え、総唐破風造の向拝を備えた格式高い造りの拝殿。裏手にある本殿は明治の改築時に伊勢神宮と同じ神明造りとされました

➡御神木のケヤキは樹齢500年以上。樹高は35m、幹の周囲は6mもある堂々たる威容です

⬇航空自衛隊百里基地のすぐ近くにある百里神社も素鵞神社が兼任奉仕。百里神社の御朱印も素鵞神社でいただけます

ココだけの御朱印帳！

素鵞神社では、バラエティ豊かな御朱印帳を用意しています。どれも御朱印込みの初穂料です。

➡御祭神の勇ましい姿が印象的な見開き型の御朱印帳。6000円

⬅御大典を記念した見開きサイズ鳳凰図はなくなり次第終了。1000円

⬆もっとも一般的な御朱印帳は白地で品格のあるデザイン。2000円

⬇神社創建にまつわる伝承をイラスト化した表紙は芸術的。2500円

⬆百里神社の御朱印帳には退役する戦闘機をデザイン。2500円

⬇関東圏内10社が参加するツール・ド・御朱印の専用御朱印帳。1000円

筆使いを駆使した超リアルな神獣画御朱印

左の字……素鵞神社
左の印……上・常陸國小川社紋
下・素鵞神社

⬆神様に縁のある神獣を描いた御朱印。こちらは2024年の干支を描いたもの

戦闘機が飛翔する姿をリアルに再現

右の字……飛躍
右の印……百里神社
左の印……天照皇大神

⬆約50年も日本の空を守り続けた名戦闘機が描かれています

ご利益おもちかえり

百里神社御守 1000円

⬆戦闘機がデザインされたお守りなんてほかではあまり見られない

結和の御守 1000円

⬆あらゆる良縁が結ばれるように祈念されたペアのお守り

DATA 素鵞神社

素戔嗚尊・櫛稲田姫命

享禄二年(1529)

神明造

住 茨城県小美玉市小川古城1658-1
交 JR常磐線石岡駅から車で20分
料 無料

+α メモ サイクリストの間で話題となっているツール・ド・御朱印。東京、神奈川、千葉、埼玉、茨城、群馬、栃木の10社を自転車でめぐれば心願成就。専用の御朱印帳は、サイクルジャージのポケットに入るよう小さめ。

東京

本妙院

ほんみょういん

福を招く動物が参拝ごとに御朱印に

多くのお寺が点在する谷中エリアにあって御朱印が評判。かわいらしい招き猫以外にも多彩な動物が描かれます。

慶 安年間（1648〜1652）、幕府の政策によって神田から移転した日蓮宗の本山・瑞輪寺《ずいりんじ》の塔頭《たっちゅう》として創建したといわれています。ご住職が代替わりし、2018年の夏から御首題や御朱印に動物の挿絵が入るようになりました。猫の街として人気の谷中銀座商店街が近くにあることから、招き猫が登場します。

福を招いてくれるかわいらしい動物たち

奇数月は左手

偶数月は右手

➡➡⬇通常は招き猫と猫熊（ジャイアントパンダ）。招き猫は偶数月だと右手、奇数月だと左手をあげています

右の字……猫の街（招き熊猫）
中央の字……妙法
左の字……本妙院 谷中（谷中 本妙院）
中央の印…上・仏法僧宝（三宝印）
下・招き猫（ジャイアントパンダ）

七夕限定！ 笹がピッタリ

中央の字…南無妙法蓮華経
左の字……慈雲山 本妙院

⬆2024年の七夕期間限定のパンダの御首題

雨の日だけのレアな御首題

右の字……雨ニモマケズ
中央の字…南無妙法蓮華経
左の字……慈雲山 本妙院
中央の印…寺紋（井筒に橘）

⬆熱心な日蓮宗徒だった宮沢賢治の詩が書かれています

⬆客人稲荷大明神（まろうどいなりだいみょうじん）の社や金勢明神（こんせいみょうじん）の祠がある境内。多産や豊穣といったご利益も期待できます

⬇北斗七星を神格化した妙見菩薩が守護しています。御首題をお願いする場合は本堂向かって左手にある受付のインターホンを押しましょう

DATA 本妙院

日蓮宗 慈雲山《じうんざん》

久遠の本師釈迦牟尼佛

慶安年間(1648 〜 1652)

寄棟造《よせむねづくり》

住 東京都台東区谷中4-2-11
交 東京メトロ根津駅1番出口から徒歩8分
料 無料

+α メモ／御首題はご住職がおひとりで対応しているため、時間がかかってしまいます。そのため一度の参拝でいただけるのは日蓮宗の御首題も含めて御首題帳（御朱印帳）へ直書きのもの、書き置きのもの、それぞれ1点ずつです。

東京

通称「くまくま神社」と呼ばれる

熊野町熊野神社

●くまのちょうくまのじんじゃ

応永元～2年（1394～1395）に宇多天皇の皇子・敦実親王の子孫が豊島郡中丸村に移住した際、熊野権現を勧請したことが始まり。天正15年（1587）に現在の地に。夫婦神の一柱である伊佐奈美命を祀っていることから、縁結びなどの御神徳があります。公式キャラクター「くまくまのくま」が描かれた御朱印や授与品がかわいらしいと話題です。

「くまくまのくま」と季節のデザインが愛らしい

右の字…熊野町熊野神社
中央の字…熊
中央の印…熊野神社之印

ココだけの御朱印帳！

➡表に名物の桜、裏に八咫烏紋をデザイン。1500円

➡熊野の神の使い「八咫烏」も祀られています

ご利益おもちかえり

くまくま守（一代守）1200円

➡通常の何倍もの時間をかけて御祈祷を行った一生守護のお守り

くま絵馬 700円

➡くまの顔の形をした絵馬。自分好みの顔と願い事を書きましょう

ココにも注目！

➡境内にある撫でくま夫婦。撫でると福が舞い込むかもしれません

DATA 熊野町熊野神社

伊佐奈美命《いざなみのみこと》・速玉之男命《はやたまのおのみこと》・事解之男命《ことさかのおのみこと》

応永元～2年(1394～1395)

神明造

住 東京都板橋区熊野町11-2
交 池袋駅西口より池02 熊野町循環バスに乗車して熊野町下車徒歩2分
料 無料

東京

かわいい招き猫が福を呼ぶ！

今戸神社

●いまどじんじゃ

夫婦である伊弉諾《いざなぎの》尊《みこと》、伊弉冉《いざなみの》尊《みこと》を祀ることから、縁結びの神様として名高い今戸神社。神社主導の縁結び会も開かれ、近年は「婚活神社」との呼び名まで広がっています。また招き猫発祥の地ともいわれ、境内や授与品にはかわいい招き猫が散見されます。

御朱印のなかにも招き猫の姿

右の字…奉拝／中央の字…今戸神社／右の印…招き猫発祥の地／中央の印…今戸神社／左の印…上・令和六年（干支の辰と猫）　中・福禄寿　下・今戸神社

ココだけの御朱印帳！

➡鮮やかなピンク色に招き猫が描かれ、背表紙には福禄寿の姿。御朱印帳は複数の色を用意。2000円

➡見どころの多い境内。スカイツリーも望めます。沖田総司終焉の地ともいわれることから、歴史ファンも数多く訪れます

ご利益おもちかえり

良縁成就猫グッズもいっぱい

縁結守 1000円

➡縁結びで有名な神社を代表するお守り。招き猫が良縁を招きます

恋勝みくじ 200円

➡相性のいい血液型や星座、年齢などが記されています

ココにも注目！

➡境内の一角にある石なで猫。写真を待受画像にして毎日祈ると願いが叶うといわれます

DATA 今戸神社

應神天皇《おうじんてんのう》・伊弉諾尊・伊弉冉尊・福禄寿

康平6年(1063)

権現造

住 東京都台東区今戸1-5-22
交 東京メトロ銀座線ほか浅草駅から徒歩15分
料 無料

+α メモ 今戸神社は浅草の9つの寺社からなる「浅草名所七福神」、8つの神社をめぐって8つの恵みを受ける「東京下町八社参り」のひとつ。各寺社をめぐりながら下町散策を楽しむのもおすすめです。

❸ 期間限定のプレミアム御朱印

御朱印には特定の季節や行事の折にのみ授与されるものも。繰り返しおまいりに訪れて、気持ちを新たにするきっかけにもなりそうです。

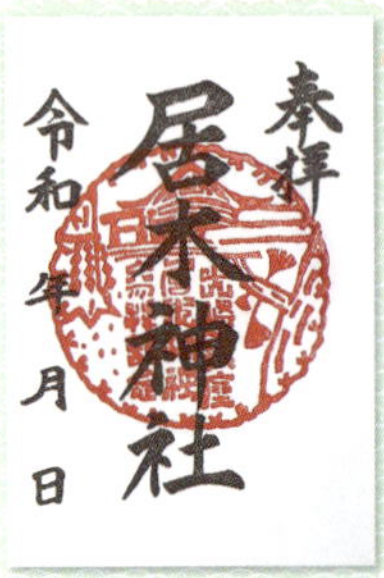

通年いただける御朱印

右の字……奉拝
中央の字…居木神社
中央の印…大崎鎮座居木神社
参拝記念

➘太平洋戦争で消失した本殿は昭和53年（1978）再建。優美な佇まい ➘境内は高台に位置しています

東京

厄除・八方除のご利益を授かる

居木神社

●いるぎじんじゃ

武勇と叡智の神である日本武尊《やまとたけるのみこと》をはじめ、九柱の神様を祀っています。厄除・八方除・商売繁盛・病門除・安産・子授け・縁結びにご利益あり！

雉 子ノ宮という名で現在の山手通り居木橋付近に鎮座していましたが、江戸時代の初期に目黒川の氾濫の難を逃れるため現在の場所に遷座。明治時代に社号を居木神社と改めました。山手線の駅からすぐとは思えぬほど緑豊かな境内は、今も昔も住民の心の拠り所となっています。月替りの多彩な御朱印には、季節を表す印が添えられます。

夏詣限定の飛び出す御朱印！

右の字……奉拝
居木神社
中央の字…夏詣
右の印……いるぎさま

ご利益おもちかえり

えんむすび絵馬 800円

➘ハートの中の文字を抜いて神社に納めると良縁が結ばれますよ

夢叶御守 500円

➘願いを込めて半分に折り、半分を神社に納めて半分を身につけます

ココだけの御朱印帳！

➘桜と社殿を配した華やかなデザイン。裏面はイチョウの葉。各1500円（御朱印込）

DATA 居木神社
日本武尊（主祭神）
不詳
本殿…流造、拝殿…入母屋造（千鳥・唐破風付）
住 東京都品川区大崎3-8-20
交 JR山手線大崎駅から徒歩3分
料 無料

+α メモ / 泣き相撲とは、400年以上の歴史がある伝統行事。赤ちゃんの泣き声やしぐさに合わせて行事が勝負を預かり、健やかな成長と健康を祈願します。居木神社では毎年春と秋に開催され、多くの人で賑わいます。

東京

切り絵が美しいカラフルな御首題
瑞光寺
ずいこうじ

達筆とかわいい絵柄が対照的なここだけの御首題。駅のすぐ隣の立地ながら、静寂に包まれる境内です。

牛込柳町駅すぐの立地でありながら、都心とは思えない清廉な雰囲気の200坪の境内。美しく整備された庭園、大正時代に改築された堂々たる本堂、名画さながらの見事な松の木など、心静かにおまいりができる空気が漂っています。毎月絵柄が変わるカラフルな切り絵御首題や、住職の心のこもった対応に心が洗われるはず。

↑大正末期、当時の建築手法の粋を集めて改築された本堂。注連縄が懸かり、いっそう荘厳な雰囲気を醸し出しています

←境内、石庭はいつもきれいに整備されています。参道を覆うように伸びる見事な松の木が水墨画のような景観です

カラフルな色彩の切り絵御首題

右の字……一月 冬詣
左の字……南無妙法蓮華経
左の印……日蓮宗 蓮紹山 瑞光寺

→切り絵御首題は季節や祭事に合わせて頒布されます

境内に鎮座する開運稲荷の限定御朱印

中央の字…妙福稲荷
中央の印…開運稲荷尊天
南無妙法蓮華経 所願満足一切歓喜

ココだけの御朱印帳！

→境内に伸びる美しい黒松と山門を意匠化。紺と白の2色。3000円

開運絵馬 500円

←境内の象徴である樹齢400年の黒松とかわいらしい絵柄が特徴

ご利益おもちかえり

身代わり守り 1000円

←例祭の時に頒布される限定の身代わり守り。誰でも申し込み可能

DATA 瑞光寺

日蓮宗 蓮紹山《れんしょうざん》 釈迦牟尼仏《しゃかむにぶつ》
文禄4年(1595) 入母屋造
住 東京都新宿区原町2-34
交 都営地下鉄牛込柳町駅西口から徒歩すぐ 料 無料

+αメモ／お釈迦様の生誕を祝うシャカシャカ祭は毎年4月に開催。稚児行列、音楽ライブ、ワークショップなどで盛り上がるにぎやかなお祭りです。この日だけの限定御首題も人気を集めています。

東京

ブレスレット型のお守りが人気

阿佐ヶ谷神明宮

あさがやしんめいぐう

国家の最高神とされている天照大《あまてらすおお》御神《みかみ》を祀り、また都内最大級の伊勢神宮勧進の神社であることから、年間数十万人の参拝者が訪れます。レースのブレスレット型お守り・神むすびや、刺繍入りの御朱印符・大和がさねは、今や全国に知られる存在です。

➡平成の大改修によって新しくなった本殿や神門などが立つ約3000坪の境内は、凛とした空気感です

ココにも注目！

➡能楽殿では本格的な能や狂言、神楽など、さまざまな伝統芸能が奉納されます

神むすび 1200円

➡ブレスレット型のお守り。期間限定バージョンも登場します

ご利益おもちかえり

繊細な刺繍が高貴さを演出

右の字…奉拝／右の印…阿佐谷神明宮

➡通年頒布される御朱印は、境内に碑が残る「朱鷺《とき》」がデザインされています

ココだけの御朱印帳！

➡朱鷺がデザインされた御朱印ホルダー。中に御朱印帳もセットになっています。3500円

DATA 阿佐ヶ谷神明宮

天照大御神

建久年間(1190〜1198)

神明造

住 東京都杉並区阿佐谷北1-25-5

交 JR中央本線阿佐ヶ谷駅から徒歩2分

料 無料

+α メモ 1995年に始まった阿佐谷ジャズストリートは、東京を代表するジャズイベント。阿佐ヶ谷神明宮も会場となっていて、神楽殿で演奏が披露されます。過去にはジャズストリートの御朱印が頒布されたこともありました。

東京

ユニークな形をした切り絵御朱印に注目！

谷中観音寺

やなかかんのんじ

慶長16年（1611）に創建された、奈良県桜井市初瀬にある長谷寺を総本山とした真言宗豊山派の寺院。赤穂義士ゆかりの寺として広く知られ、境内に四十七士の供養塔があり、『忠臣蔵《ちゅうしんぐら》』のファンなど、数多くの参拝客が訪れます。

➡江戸時代の区画整理により、延宝8年（1680）に神田から現在の場所に移転しました

➡築地塀《ついじべい》は幕末の頃に作られたもので、国の登録有形文化財に指定されています

通年いただける御朱印

右の字……上・奉拝　下・谷中

中央の字……大日如来

右の印……南無大師遍照金剛

中央の印……ア(梵字)

左の印……観音寺

季節によって登場する美しい切り絵御朱印

中央の字……谷中　観音寺

中央の印……観音寺

➡令和6年冬限定御朱印。本から飛び出した冬景色を表現しています

ココだけの御朱印帳！

➡切り絵御朱印などをファイル形式で納めることができるオリジナル御朱印ホルダー。3400円

DATA 谷中 観音寺

真言宗豊山派

蓮葉山《れんようざん》

大日如来《だいにちにょらい》・阿弥陀如来《あみだにょらい》

慶長16年(1611)

住 東京都台東区谷中5-8-28

交 JR山手線日暮里駅から徒歩6分

料 無料

+α メモ 谷中観音寺には真言宗としては珍しく、大日如来様と一緒に阿弥陀如来様も祀られています。本堂内については、普段は非公開ですが、ごく稀に特別公開することもあるようです。

群馬

崇禅寺《そうぜんじ》

コロナ退散の願いを込めた達磨絵は必見

法然上人のもとで6年の厳しい修行を積んだ智明上人が、故郷であるこの地に戻り、草庵を建てたのが寺のはじまり。周囲の山は紅葉の名所としても知られていて、11月下旬の見頃には、本尊の夜間拝観とともに、境内のライトアップも行われています。

ココにも注目！

↑前立ち本尊の釈迦如来像が安置されている本堂は昭和46年（1971）建立 ←裏手の壁には、住職自ら描いた達磨絵があります

ご利益おもちかえり

おいなりさん 800円

↑いなり、塩レモン、梅、抹茶、山椒、ワサビの6つの味が楽しめる名物の六地蔵いなりは美味！

ココだけの御朱印帳！

→ほのぼのとしたタッチの表紙絵は住職の奥様によるオリジナル。六地蔵など図柄は他にも多数。2000円

芸術性が溢れ出す月替りの水彩画

右の字…佛心 舞 大夢／中央の字…奉拝／右の印…萬松禅林 仏法僧宝(三宝印)／中央の印…仏法僧縁／左の印…崇禅寺

↑5月は鯉のぼりの御朱印。4月は桜、6月は紫陽花などが描かれた月替りの見開き御朱印が人気

DATA 崇禅寺

- 臨済宗
- 萬松山
- 阿弥陀如来
- 元久2年(1205)
- 入母屋造
- 住 群馬県桐生市川内町2-651
- 交 JR両毛線桐生駅から車で10分
- 料 無料

+α メモ 毎月1日には、朝課、法話、座禅、粥座を行う朝粥会を開催しています。座禅を組んでスッキリした気分で食べる朝粥の味は格別。要予約、参加費志納で、誰でも参加できるので問い合わせてみてはいかが。

群馬

慈眼院（高崎白衣大観音）《じげんいん（たかさきびゃくえだいかんのん）》

赤い糸のご利益で恋愛成就！

昭和11年（1936）に建立された白衣大観音は、地元のシンボルとして市民に愛されています。毎年2月14日～3月14日は赤い糸祈願祭を開催。白衣大観音の小指に結んだ赤い糸の端を自分の小指に巻きつければ、さまざまな良縁に恵まれるそうです。

聖観音が描かれた見開き御朱印

右の字…奉拝 聖観音 光音堂／左の字…赤い糸祈願祭 キリク(梵字) 高崎白衣大観音 光音堂 一願観音／右の印…一願成就 光世音菩薩／中央の印…サ(梵字)聖観音の御宝印／左の印…上・光音堂 下・日輪山光音堂

ココにも注目！

↑白衣大観音の後ろにある光音堂。本尊は別名「一願観音」で、一つだけ願いを叶えてくれます

→白衣大観音は高さ41・8m、重さ5985t

ココだけの御朱印帳！

→桜と白衣大観音がモチーフの艶やかなデザイン。表紙は紙ではなく布地なのがグッド。1500円

ご利益おもちかえり

身代観音守 700円

←常に身につけておけば観音様が厄災を引き受けてくれるそうです

DATA 慈眼院（高崎白衣大観音）

- 高野山真言宗
- なし
- 聖観世音菩薩
- 鎌倉時代中期
- 住 群馬県高崎市石原町2710-1
- 交 上越新幹線高崎駅から市内循環バスぐるりん観音山線片岡先回りで20分、白衣観音前下車、徒歩2分
- 料 無料

+α メモ 白衣大観音の胎内は大人300円・中学生以下100円から拝観することもできます。胎内は9階で、最上階は肩の部分。東西南北に窓があって、高崎市街や赤城山、榛名山などを眺められます。

4 アートのような美しい一枚

御朱印のなかには複雑な模様や芸術的な絵が描かれているものもあります。ひとつの作品として見ることで何か発見があるかもしれません。

神奈川

思金神社

おもいかねじんじゃ

神様からアイディア力を授かる！

周囲に暗い話題があふれているときこそ頼れる神様。さまざまな智慧を授かって心願成就に結びつけましょう。

←社殿は造営予定。空気が澄んでいる日には富士山を拝むこともできます

ご

祭神の八《や》意《ごころ》思金《おもいかね》大神《おおかみ》は智慧を司る神様。日本神話では、太陽神である天照大神が天岩屋戸《あまのいわやど》に隠れ世界が闇に包まれた際、八《や》百万《おおよろず》の神々に解決策を授けたといわれています。ご利益は学問や受験以外にも建築や商工など、アイディアが必要な物事全般。御朱印も多彩かつ工夫に富んでいるのが特徴です。

天の神から授けられるのは尊き生命と優れた才能

右の字……降臨
左の字……皇紀二千六百八十五年
右の印……天より降りし御神光　相州鎌倉郡石原
中央の印…上・社殿　中・総本宮　下・思金神社
左の印……宮居を照らす思金の神

→日本神話を題材にしたものから愛らしい動物まで、迫力満点の17種類の御朱印が揃います。すべてを賜ると特別なひと言文字の中から気に入ったひとつの文字を記帳していただけます

DATA 思金神社

- 八意思金大神
- 昭和3年(1928)
- 入母屋造
- 住 神奈川県横浜市栄区上郷町745-1
- 交 JR根岸線港南台駅から神奈川中央交通バス桂台中央行きなどで10分、紅葉橋下車、徒歩5分
- 料 無料

心惹かれる神話の世界

ココだけの御朱印帳！

→表紙は日本神話の代表的シーンです。天の岩戸から漏れ出す光を金色で描写。2000円

ご利益おもちかえり

→学業や仕事で優れたアイディアがひらめくようにとの願いが込められています

ひらめき守 900円

+α メモ／智慧の神に仕えているだけあり宮司さんは知識豊富。御朱印の解説はもちろん日本神話に興味のある方にはさまざまなお話を聞かせてくれるはず。アットホームで居心地のよい雰囲気も評判を集める一因です。

埼玉

まさにアート！な切り絵御朱印

埼玉厄除け開運大師・龍泉寺

さいたまやくよけかいうんだいし・りゅうせんじ

日本三大厄除け開運大師のひとつでありご利益は絶大！全国的にも珍しい切り絵の御朱印は芸術作品のよう。

厄除金色大師、開運金色大師という名の通り、正月三が日にだけ開帳される秘仏本尊は金色に輝く特別な大師様。厄除、開運、方位除のご利益を同時に授かれるとして、特に初詣には70万人以上の人で賑わいます。さらに、切り絵の御朱印は、またたく間に全国の御朱印ファンの間に知れ渡り、いまでは遠く北海道や九州からも参拝者が訪れるのだとか。

➡仁王門に安置された仁王像は来歴は不明ですが、鋭い眼光に躍動感あふれる筋肉が大迫力

⬆約1200年前、聖なる池から出現した千手観音菩薩を祀ったのが寺のはじまり

煌びやかな切り絵のデザインで新年の訪れを祝う御朱印

右の字……奉祝
中央の字…初詣
大祈願祭
左の字……埼玉厄除
開運大師
左の印……埼玉厄除
開運大師
龍泉寺

⬆令和7年正月限定。前年の干支である辰と今年の干支の巳のデザインが迫力満点

秋の紅葉と仁王門を精緻な切り絵で表現

右の字……奉拝
左の字……龍泉寺
左の印……埼玉厄除開運大師
龍泉寺

⬆令和6年秋限定。龍門寺の「仁王門」をモチーフに秋の風情を表現しています

ココだけの御朱印帳！

⬆広大な宇宙に花曼荼羅が咲く様子を表現した、神秘的な御朱印帳。
1800円

⬆仏の世界に咲き乱れる花をイメージ。御朱印帳は季節でデザインが変わります。
1900円

ご利益おもちかえり

大開運守 各1000円

⬆開運金色大師の法衣を入れたお守り。正月三が日と週末の限定

願いだるま絵馬 各700円

⬆江戸時代から続くだるま市にちなんだ絵馬は、とってもキュート

DATA 埼玉厄除け開運大師龍泉寺

真言宗豊山派　少間山《さやまさん》

厄除金色大師・開運金色大師

平安時代初期　和様建築

住 埼玉県熊谷市三ヶ尻3712

交 JR高崎線籠原駅から車で5分

料 無料

+α メモ　毎週火曜日は御朱印頒布の休業日。期間限定御朱印の告知はホームページ（https://yakuyoke-kaiun.jp/）またはインスタグラムをチェックしてください。

埼玉

神話のヒーローの力で厄災を祓う！

鎮守 氷川神社

ちんじゅ ひかわじんじゃ

主祭神の素盞鳴命《すさのおのみこと》と八岐大蛇《やまたのおろち》の神話に基づき、厄祓い、厄除けの霊験あらたか。

また、素盞鳴命の妻である櫛稲田姫命《くしいなだひめのみこと》も祀っているため、安産、縁結びにもご利益がある

そう。御朱印に押された素盞鳴命の押し印は四季で色が変わります。

↑境内には本殿のほか富士塚や浅間神社、天神社といった末社もあります

ココにも注目！

→社殿の裏にある大ケヤキは樹齢400年以上。抱きつけば元気をいただけると伝えられています

ココだけの御朱印帳！

↓表紙は押し印と同じ素盞鳴命。裏は石見神楽の一場面がモチーフ。2000円

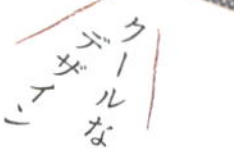

クールなデザイン

ご利益おもちかえり

美守 800円

↑櫛稲田姫命のように、身も心も美しい人になれますように

勝守 800円

↑八岐大蛇を倒した素盞鳴命のパワーをいただき、勝負事に勝つ！

素盞鳴命のシルエットが大迫力

右の字…上・奉拝　下・埼玉県川口市青木鎮座／中央の字…鎮守氷川神社／右の印…埼玉県鎮守　氷川神社　川口市／中央の印…鎮守 氷川神社／左の印…素盞鳴命

↑4色揃えると金色の御朱印がいただけます

DATA 鎮守 氷川神社

素盞鳴命・櫛稲田姫命

室町時代初期

流造

住 埼玉県川口市青木5-18-48

交 JR京浜東北線西川口駅から徒歩25分

料 無料

長野

県境に鎮座する軽井沢の氏神様

熊野皇大神社

くまのこうたいじんじゃ

境内の半分は長野県で、半分は群馬県。全国的にも珍しい県境に位置する神社

です。全国で4社だけが指定されている特別神社のひとつなので、多彩なご神徳をいただ

けるはず。参拝後の楽しみは、門前にある創業300余年の茶店でいただく名物の力餅。

↑ご祈祷が行われる皇大殿。迫力のある美しい天井絵にも注目です

ココにも注目！

→樹齢約1000年のシナノキがご神木。軽井沢随一の縁結びのパワースポットです

ココだけの御朱印帳！

↓八咫烏の模様が描かれた御朱印帳。黒色。2000円

ご利益おもちかえり

しなの木守 800円

↑開運・縁結びのご利益があるご神木のパワーを授かれます

整える守 800円

↑薄型なので財布や携帯カバーに入れて持ち歩けます

黒と金のコントラストが秀逸

右の字…登拝／中央の印…上・社紋（八咫烏）下・軽井沢碓氷峠特別神社　熊野皇大神社之印／絵…コスモス

↑2カ月毎にデザインが変わる特別花御朱印

DATA 熊野皇大神社

伊邪那美命《いざなみのみこと》・日本武尊《やまとたけるのみこと》・事解男命《ことさかおのみこと》

景行天皇40年(110)

住 長野県北佐久郡軽井沢町峠町1

交 JR北陸新幹線軽井沢駅から車で15分

料 無料

+α メモ　軽井沢中心部のハーヴェストクラブ、万平ホテルなどと、神社最寄りのバス停・見晴台を循環するバスが、GWから11月まで運行しています。時期によって便数が異なるので、軽井沢交通バスのホームページをチェック。

東京

御朱印を超えた唯一無二のアート作品
一龍院
いちりゅういん

仏教は自由であるべき」との住職の考えから、エアブラシを取り入れたりして、ほかにはない御朱印を模索し続けています。本堂にはカフェが併設されていて、誰でも自由に利用することが可能。御朱印を待つ人たちの交流の場所となっています。

➡本堂内はカフェの一角にご本尊が鎮座する不思議な空間。日蓮宗寺院ですが、すべてにおいて型破りです

八大龍王コンプリートで心願成就間違いなし!?

右の字…第八龍王／中央の字…優鉢羅龍王／左の字…修弘山 一龍院／中央の印…龍／左の印…一龍結社

➡仏法を守護する竜族の八王がテーマの御朱印8種類が不定期で登場

ココだけの御朱印帳！

➡表紙と裏表紙に有名な浮世絵が描かれた特大サイズの御朱印帳。6000円

ご利益おもちかえり

お守り 1000円

←カード型なので財布に入れておけば開運、厄除けにご利益あり

肌守り 500円

←白い糸で織られた生地がとても上品。肌身はなさず持ち歩きたい

←外観はカフェにしか見えませんが、こちらがお寺の入口です。カフェの名は「cafe TERA'S」

DATA 一龍院
日蓮宗《にちれんしゅう》 修弘山
久遠実成本師釈迦牟尼仏
2009年
住 東京都調布市入間町1-38-1
交 京王線仙川駅から徒歩15分
料 無料

+α メモ カフェで提供されるコーヒー600円～は、上質な豆を住職が自家焙煎。豆の特徴や季節に合わせて焙煎時間を変えるなど、コーヒー好きの住職のこだわりが詰まっています。

栃木

迫力あふれる天狗の表情に感動！
古峯神社
ふるみねじんじゃ

標高約700mに立つ、別名「天狗の社」。神の使いである天狗を敬えば、万が一のときに空から訪れて災難を取り除いてくれるという信仰が根付いています。境内には、天狗の面をはじめ、下駄や彫像といった崇敬者からの奉納品がたくさんあります。

力強くもどこか優しさも感じる表情が魅力

右の字……上:奉拝 下:古峯ヶ原
中央の字…古峯神社
左の字……祥福 大天狗
右の印……崇敬古峯社
中央の印…古峯神社

ココにも注目！

➡一般の参拝客も建物内に入れる拝殿 ➡厳かな雰囲気の拝殿内では、ご祈祷の際に神職が祝詞を奏上し、神楽舞の奉納も執り行われます

ご利益おもちかえり

房付天狗 1000円

←厳しい目つきでさまざまな危険を察知してくれそう

錦上(青) 1000円

←天狗と拝殿の絵入り。交通安全などにご利益あり

➡敷地約3万坪の神苑。廻遊式日本庭園で四季の花々が咲き誇ります

DATA 古峯神社
日本武尊《やまとたけるのみこと》
1300年ほど前
神明造
住 栃木県鹿沼市草久3027
交 JR日光線鹿沼駅からリーバス古峰原方面行きで1時間、古峯神社下車、徒歩すぐ
料 無料

+α メモ 古峯神社では、御朱印の絵柄の指定は基本的にできません。絵柄は神社の方にお任せください。どうしても絵柄を指定したい人には、印刷済みの書き置き御朱印も用意しています。

5 個性的でユニークな御朱印

押し印やデザインに個性があふれる、ユニーク御朱印。寺社の特徴を描くデザインを見れば、ひと目で参拝時の気持ちが蘇りそう。

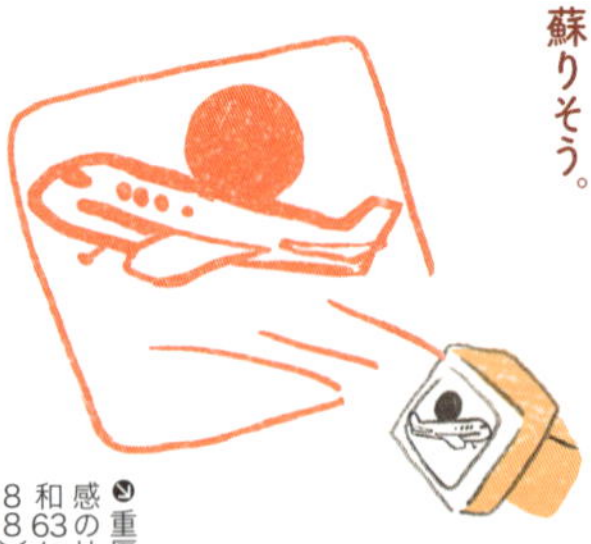

大田区文化財である境内の富士塚の印

中央の印…奉拝
羽田富士塚
大田区文化財

➘重厚な存在感の社殿は昭和63年（1988）造営
➘明治元年（1868）築山の富士塚

羽田らしい空飛ぶ飛行機の添え印

右の字……奉拝
中央の字…羽田総鎮守
羽田神社
右の印……羽田神社
（社殿と飛行機）
中央の印…羽田神社

東京 羽田神社《はねだじんじゃ》

旅好きなら！ 空での安全を祈願

夫婦二柱のご祭神に、良縁を祈願する参拝者が多い神社。羽田空港一帯の鎮守であることから、旅の安全祈願にご利益も。

鎌倉時代に領主・行方与次郎《なめかたよじろう》が牛《ご》頭《ず》天王《てんのう》をお祀りしたことが創始の由来。羽田空港を含む周辺一帯の鎮守であることから、旅や航空のおまいりには欠かせない神社。また、お守りや御朱印帳など多くの授与品にも、飛行機が描かれています。ご祭神が須佐之男《すさのお》命《みこと》と稲田姫命《いなだひめのみこと》の夫婦二柱であることから、縁結びのご利益を求める参拝者も多く訪れます。

コチだけの御朱印帳！

➔渡御する神輿の上空を飛ぶ旅客機をモチーフにしたもの。羽田ならではのデザイン。2000円（御朱印込）

ご利益おもちかえり

健脚守 800円

➔境内の富士塚に健脚を祈願。小さな富士山をあしらったお守り

航空安全守 600円

➔航空と旅行の安全を守る飛行機型の根付のお守り。赤、青の2色あり

DATA 羽田神社
須佐之男命・稲田姫命
不明
権現造
住 東京都大田区本羽田3-9-12
交 京急空港線大鳥居駅から徒歩5分
料 無料

+α メモ／ 社殿右手の「疱瘡除祈願御札（ほうそうよけきがんのおふだ）の碑」は、天保12年（1841）に将軍・徳川家定が疱瘡治癒祈願に訪れたところ。碑には祈願により流行病が治癒したことへの御礼が刻まれています。

東京

時代に合ったご利益いろいろ

江北氷川神社

●こうほくひかわじんじゃ

足立区西部一帯の総鎮守。願い事成就の古社として知られる一方、現代の需要に合わせたお守りや心温まる御朱印もいただけます。

湖沼地帯であったこの地域では、古より素盞嗚尊《すさのおのみこと》を治水守護神として奉祀。やがて村落の開発に伴い創建されたといわれる神社です。しかし悠久の歴史を辿る神社でありながら「神社とはいま生きている人のためのもの」との思いから、現代のニーズに合わせた新たな試みも行われています。

➊改修工事の際、基礎石に「天保四年再建」の刻印が発見されました

めずらしい布製の社号額

➊大正皇后様より下賜された貴重な反物・羽二重を社宝として保存するために社号としたそう

DATA 江北氷川神社
素盞嗚尊
不明
権現造
住 東京都足立区江北2-43-8
交 日暮里・舎人ライナー江北駅から徒歩12分
料 無料

扇形の御朱印は、心に響く言葉を添えて

右の字……奉拝
中央の字……いつまでも親は子を思い子どもによって育てられ教えられる
左の字……足立区西部一帯総鎮守　江北　氷川神社
右の印……上・来福　下・笹
中央の印…富
左の印……氷川神社

➊温かみあるお言葉が記されます。言葉の内容は毎年変わります

ココだけの御朱印帳！

➊かつてワシントンに贈られ、現在は境内にのみ残る荒川五色桜の柄。1500円

ステキなお守りがいっぱい！

ご利益おもちかえり

人びとの声を受けて、さまざまなお守りを考案。それぞれの願いにぴったりのお守りがきっと見つかります！

足腰健康お守り 800円

➊隣接する荒川土手は地元住民の散歩道。腰と歩く距離がのびるよう細長い形に

健康お守り 800円

➊健康全般を祈願するお守り。境内に咲く桜をあしらった華やかなデザイン

自転車交通安全ステッカー 800円

➊オリジナル自転車用ステッカー。大勢の自転車愛好家が参拝に訪れます

旅立ちのお守り 800円

➊人生の旅立ち、転勤や引越しに。自ら願いを記して封入するめずらしいタイプ

蛍光ペットお守り 800円

➊こちらはリードや首輪につけられるように改良されたお守り。犬用もあり

犬お守り 800円

➊愛犬家の声を受けて誕生した、ペットの健康と安全を願うお守り。猫用もあり

+α メモ サイクリングコースとして人気の荒川堤防沿いにあることから、今や自転車愛好家の参拝者も多いこちらの神社。境内には手作りのサイクルスタンドが設置され、好評を博しています。

東京

迫力満点の閻魔様に会いに行く！

法乗院（深川ゑんま堂）

ほうじょういん（ふかがわえんまどう）

小話や芝居にも登場し、庶民に親しまれてきた深川の閻魔様。願いに合わせた言葉をくださるハイテクな閻魔大王像は大迫力。

寛永6年（1629）、覚誉《かくよ》僧正《そうじょう》による開山。全高3.5m、全幅4.5mという日本最大の閻魔大王座像が鎮座しています。江戸の小話や芝居に度々その名が登場することも、古くから庶民の信仰を集めている証明。近年はコンピュータ制御により、お賽銭を入れると願い事に応じた言葉が流れることから「ハイテク閻魔」という新たな呼び名も。

⬆本堂では、江戸時代に宋庵という絵師により描かれた16枚の地獄絵図も展示

心が引き締まる閻魔大王の御朱印

右の字……奉拝　地蔵菩薩
中央の字…閻魔大王
左の字……深川閻魔堂 法乗院
右の印……上・奉納経
　　　　　下・閻魔大王
中央の印…上・カ（梵字）地蔵菩薩
　　　　　中・仏法僧宝（三宝印）
　　　　　下・地蔵菩薩・閻魔大王
左の印……上・江戸深川
　　　　　下・法乗院閻魔堂之印

⬆➡閻魔大王が地蔵菩薩の化身とされるため、両者の印が見られます

時代に合ったハイテクな福を体感！

⬅願い事に応じたお言葉を聞けるシステムを日本で初めて採用した閻魔大王像。必見です

➡清澄通りに面してそびえる山門が目印。新旧が融合した現代的なお寺です

文字の裏に浮かぶ大日如来のお姿

右の字……奉拝
中央の字…大日如来
左の字……賢台山 法乗院
右の印……上・奉納経
　　　　　下・令和六年甲辰
中央の印…上・バン（梵字）
　　　　　大日如来
　　　　　下・大日如来
左の印……上・御府内
　　　　　八十八ヶ所
　　　　　七十四番
　　　　　南無大師
　　　　　遍照金剛
　　　　　下・法乗院之印

ご利益おもちかえり

浮気封じ 1500円

⬆嘘を許さぬ閻魔大王のご利益で浮気を封じる、変わったお守りです

閻魔大王のお守 1000円

⬆布製の包みのなかに金色の閻魔大王の姿。疫病除けにご利益

DATA 法乗院（深川ゑんま堂）

真言宗豊山派　賢台山《けんだいさん》　大日如来

寛永6年（1629）

住 東京都江東区深川2-16-3
交 東京メトロ東西線ほか門前仲町駅から徒歩5分
料 無料

+α メモ　歌舞伎の演目のひとつである二代目河竹新七（かわたけしんしち）作「髪結新三」の『ゑんま堂の場』の舞台はこちら。当時の様子を現在に伝える貴重な作品でもあります。

東京

東郷神社

●とうごうじんじゃ

2020年で鎮座80年。勝利と至誠の神様

バルチック艦隊を破り、日露戦争を勝利に導いた東郷元帥がご祭神。海の安全のほか、勝利の祈願などにも多くの参拝者が訪れます。

↑原宿駅から徒歩3分という都心にありながら緑豊かな境内は、住民やビジネスマンのオアシス

ご祭神である東郷平八郎命は、日露戦争では連合艦隊司令長官として三笠艦上にZ旗を掲げ、バルチック艦隊撃滅に導いた日本海軍の英雄。そのご神徳にあやかり、必勝祈願のほか、船旅や海上の安全の祈願者も連日数多く訪れています。勇壮な勝利の神様として知られますが、晩年は夫人と寄り添いながら幸せに歩んだことから、こちらで神前結婚式を挙げる夫婦も多数。

ご祭神直筆の「勝」が入った月替わりの御朱印

右の字……上・勝　奉拝
　　　　　下・乙巳歳
中央の字…東郷神社
中央の印…上・蔦
　　　　　下・東郷神社
絵…………巳(干支)

海にまつわる祖霊を合祀

←社殿向かって左手にある境内霊社の「海の宮」では、海軍、海事、水産関係者を合祀しています

桜も紅葉も美しい

➡都心とは思えないほどの自然に包まれた境内。池の畔では鯉のエサも販売しています

立派な狛犬像

ココだけの御朱印帳！

➡紺を基調とした表紙には蔦の社紋と東郷元帥が詠んだ和歌が描かれています。2200円

ご利益おもちかえり

しあわせ守 1000円

↑BEAMSとコラボしたお守り。原宿の神社らしくクレープの形をしたデザイン

強運御守 1200円

↑毎月1日、5月28・30日、12月22日のみの限定頒布。強運のご神徳

DATA 東郷神社
東郷平八郎命
昭和15年(1940)
神明造
住 東京都渋谷区神宮前1-5-3
交 JR山手線原宿駅から徒歩3分
料 無料

+α メモ　通常のZ旗は情報伝達の手段ですが、東郷元帥はこの旗を「皇国ノ興廃此ノ一戦ニ在リ、各員一層奮励努力セヨ」と、自軍を奮い立たせるために使用しました。

❻ 歴史上の人物に思いをはせて

歴史に足跡を残した英雄たちと縁深い寺社もいろいろ。心静かにおまいりし、歴史に思いをはせてみましょう。

東京 松陰神社
しょういんじんじゃ

時代を見通した松陰先生に祈願

幕末の偉人・吉田松陰先生をご祭神とする神社で、その刑死を悼んだ門下生の高杉晋作、伊藤博文らによって、この地に埋葬されたことが鎮座の由来。時代の先を見通した松陰先生のご利益にあやかり、学力上昇や合格祈願で知られています。

➡松陰先生の教育道場だった松下村塾を境内に再現

➡創建当時の社殿は現在の内陣。現社殿は松陰先生の教えを受け継ぐ人々により造営されました

志守 1000円

➡「志」の文字は松陰先生直筆の写し。初心を忘れず困難に立ち向かえるよう祈願

ココだけの御朱印帳！

➡表には松陰先生の肖像と辞世の句、裏面には「志」の文字をデザイン。1500円

ご祭神の偉業を思わせる装飾を廃した清廉な印

中央の字…松陰神社／右の印…参拝紀念／中央の印…上・松陰神社 下・東京鎮座

DATA 松陰神社
吉田松陰
明治15年(1882)
神明造
住 東京都世田谷区若林4-35-1
交 東急世田谷線松陰神社前から徒歩3分
料 無料

山梨 恵林寺
えりんじ

戦国の雄・武田信玄の菩提寺

元徳2年(1330)、夢窓《むそう》国師による開山の禅寺。戦国の世には、武田信玄の尊敬を受けた美濃の快《かい》川和尚《せんおしょう》が入山、後に信玄自身も自領を寄進し、菩提寺としました。国の重要文化財である赤門や夢想国師作の庭園など、貴重な有形文化財や見どころが点在。

不動明王の梵字に注目

右の字……奉拝
中央の字…武田不動尊
左の字……恵林寺
右の印……甲斐百八霊場第九番
中央の印…カンマン(梵字) 不動明王の御宝印
左の印……乾徳山恵林寺之印

➡本堂は明治末期の建物。織田信長による焼き討ちなど、何度かの焼失から再建されています

ココに注目！

➡月命日の12日のみ公開の信玄公墓所ほか、武田家ゆかりの宝物の収められる宝物館も

ココだけの御朱印帳！

➡風林火山の文字が勇ましい、恵林寺ならではの御朱印帳。2000円

ご利益おもちかえり

写真集 2500円

➡信玄公450回忌を記念した写真集。特別限定御朱印付

勝守 1000円

➡勇猛な武将にあやかり勝利を祈願するお守り。力強い風林火山の文字も

DATA 恵林寺
臨済宗　乾徳山《けんとくさん》
釈迦如来　元徳2年(1330)
住 山梨県甲州市塩山小屋敷2280
交 JR中央本線塩山駅から山梨交通バス西沢渓谷行きで15分、恵林寺前下車、徒歩すぐ
料 無料(本堂と庭園は500円、信玄公宝物館は500円)

+αメモ／恵林寺の本堂に安置される不動明王像・武田不動尊は、信玄が仏師を招き、自らと対面させながら彫らせたと伝わるもの。生前の信玄の姿が想像できるかもしれません。

東京

芸能、学問、仕事に優れた神様が見守る

小野照崎神社《おのてるさきじんじゃ》

平安時代に歌人や書道家、画家として、百人一首にも歌が選ばれている小野篁卿を祀り、仁寿2年（852）に創建。江戸時代の末期には、学問の神様である菅原道真公のお手彫りと伝えられる尊像を迎え、江戸二十五天神に数えられるようにもなります。

↑本殿は慶応2年（1866）の造営。鳳凰や龍などの彫刻は精巧で見応えがあります

↙地主神としてお祀りされるお稲荷様。しなやかな体つきのキツネが出迎えます

ココにも注目！
→全国でも貴重な富士山から運んだ溶岩で築いた富士塚

ご利益おもちかえり

つくえ守り 1000円
↑中に小さなお札が入っており、開くことで心を通わせるお守り

芸能上達守 800円
↑芸術や芸能などの技術が身につくことを祈念したお守り

月参りのたびにいただく幻想的な御朱印

右の字…月参り 師走／中央の字…学芸仕事神 小野照崎神社／左の字…奉拝／右の印…絵馬（筆と文鳥）／中央の印…社紋（三つ巴と梅鉢）

DATA 小野照崎神社
小野篁《おののたかむら》・菅原道真《すがわらのみちざね》
仁寿2年(852)
権現造
住 東京都台東区下谷2-13-14
交 東京メトロ入谷駅4番出口から徒歩2分
料 無料

東京

江戸の面影を伝える徳川家縁の寺

護国寺《ごこくじ》

五代将軍・徳川綱吉の生母桂昌院の発願により開山。以降も徳川家の祈願寺とされた真言宗豊山派の大本山。元禄10年（1697）建立の本堂、切妻造の仁王門、国指定文化財の月光殿など、広大な境内には文化財が点在。徳川家縁の寺らしい重厚感です。

↑都内随一の雄大さを誇る大本堂は元禄10年の完成。震災、戦災を免れ江戸の姿を今に伝えます

↓仁王門と本堂の間に立つ不老門。「不老」の2字は徳川家達の筆

ココにも注目！
→境内の多宝塔は、国宝である石山寺の多宝塔の模写で、昭和13年（1938）の建立

ご利益おもちかえり

鎮護国家守 500円
↑鎮護国家は国家を鎮め守ることを示す仏教用語。国の平安を祈願

御守護 300円
↑徳川家が武運長久を祈った祈願寺だけに御守護の霊験もあらたか

将軍も守護した如意輪観世音の印

右の字…上・奉拝 下・神齢山／中央の字…如意輪観世音／左の字…音羽 護国寺／右の印…江戸三十三観音札所第十三番／中央の印…キク（梵字）如意輪観世音の御宝印／左の印…護国寺之印

DATA 護国寺
真言宗　神齢山《しんれいざん》
如意輪観世音菩薩
天和元年（1681）　入母屋造
住 東京都文京区大塚5-40-1
交 東京メトロ有楽町線護国寺駅から徒歩すぐ
料 無料

+α メモ 護国寺の境内に鎮座する「一言地蔵尊」はどんなお願いでも聞き届けてくれるといわれています。ただし一度にお願いできるのはひと言だけ。よく考えておまいりしてみましょう。

7 桜・紅葉の名所でいただく

華やかな春の桜、たおやかな秋の紅葉。自然から移ろう季節を感じるのも、寺社参拝の楽しみ。そんな桜・紅葉名所でいただける御朱印はこちら。なかには草木を象った御朱印も。

➡戦災で焼失した後、昭和39年（1964）に再建された大堂。日蓮聖人のご尊像が安置されています
⬆建立は慶長12年（1607）。関東に4基のみ現存する幕末以前の五重塔のうち、もっとも古い塔

東京

池上本門寺

いけがみほんもんじ

池上の高台に広がる日蓮聖人入滅の霊蹟

3万坪の広大な境内に、貴重な文化財や見どころがいっぱい。華やかな祭りから伝統的な法要まで、年中行事もいろいろ。

弘安5年（1282）、日蓮聖人が生涯最後の時を過ごし、入滅された霊蹟。池上の高台にある約3万坪の境内には、国の重要文化財に指定される五重塔や多宝塔をはじめ、多くの貴重な文化財が配置されています。毎年10月13日に行われ、30万人以上が参詣するお会式《えしき》や4月の花まつりなど、多くの行事でも知られています。

⬅春にはソメイヨシノなど約100本の桜が境内を彩ります。重厚な建物と桜の対比も見どころ

DATA 池上本門寺
- 日蓮宗
- 長栄山《ちょうえいざん》 一尊四士《いっそんしし》
- 弘安5年(1282) 寄棟造
- 住 東京都大田区池上1-1-1
- 交 東急池上線池上駅から徒歩10分
- 料 無料

+α メモ／再建された仁王門に安置された仁王像は、彫刻家・圓鍔（えんつば）勝三によるもので、モデルはなんとアントニオ猪木。ただし顔ではなく、筋肉のモデルです。同像は現在、本殿内に安置されています。

凛々しさただよう整った筆致が魅力

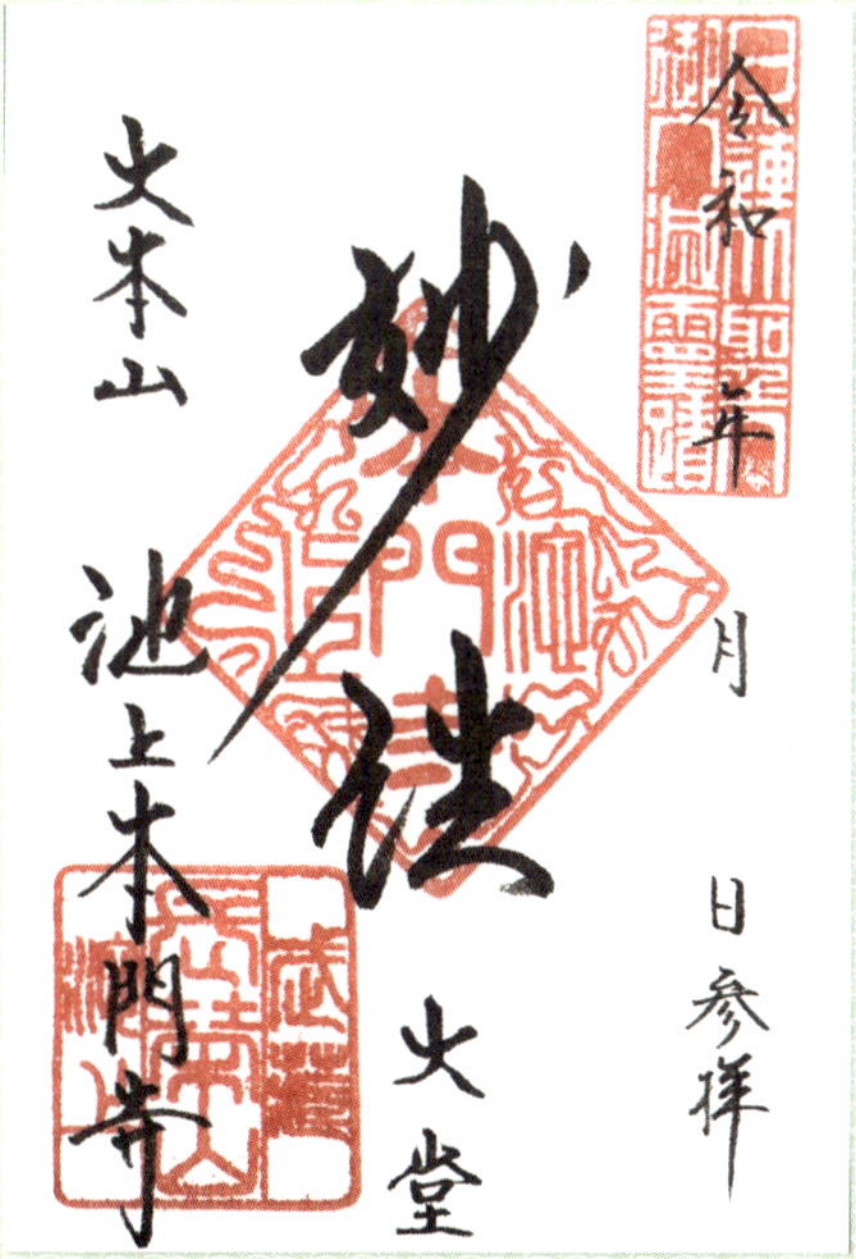

中央の字…妙法　大堂
左の字……大本山 池上本門寺
右の印……日蓮大聖人御入滅霊蹟
中央の印…池上本門寺
左の印……武蔵　長栄山　池上

⬇かつて国宝だった三門は昭和20年(1945)の空襲で焼失。その後、仁王門として昭和52年(1977)に再建されました

⬅「此経難持(しきょうなんじ)」と呼ばれる96段の石段は、熱心な法華信者であった加藤清正の築造

⬅戦災を免れた古建築の一棟。扁額「本門寺」はさらに古く、寛永4年(1627)、本阿弥光悦の筆

バラエティに富んだ年間行事

◆節分・豆まき
2月3日に行われる追儺式法要と福男・福女による豆まき。毎年歳男・歳女の募集もあります。

◆花まつり
桜の咲く4月第1土・日曜には花まつりを開催。法要やコンサート、無料甘茶接待が行われます。

◆お会式
日蓮聖人入滅の10月13日を中心に行われるお会式。毎年30万人以上が参詣に訪れます。

◆Slow LIVE
仏教行事ではありませんが、境内で行われる音楽ライブ「Slow LIVE」も19回を数える恒例イベント。

こちらもCHECK
葛粉ではなくでんぷんを発酵させて作る「久寿餅」は、ここ池上が発祥といわれています。現在も池上駅から本門寺へ向かう参道には久寿餅の老舗が点在。休憩がてら伝統の甘味を食べ比べてみるのもおすすめです。

ご利益おもちかえり

開運厄除守り
700円
⬆聖人、偉人と縁が深く、心願成就や開運のご利益があるといわれています

お守り
700円
⬆勝負の世界に生きるスポーツ関係者からの信仰も集めています

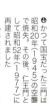

千葉

身も心もしあわせ色に染まる！

櫻木神社

●さくらぎじんじゃ

桜の花を愛でる日本の心は今も昔も変わらず、神様が鎮まる場所としても末永く崇敬を集めていくのです。

藤原鎌足の子孫である藤原嗣良《つぐよし》が、この地に平安時代の頃に移り住み、桜の大木の元に穀物の神様である倉稲魂命《うかのみたまのみこと》を祀ったことが起源とされています。現在では30種400本ほどの桜の木が立ち並ぶ境内。春に見頃を向かえるのはもちろんのこと、秋から冬にかけても開花する通称「七五三桜」といっためずらしい品種もあり、「しあわせの桜咲く神社」として評判です。

←美しくも荘厳な社殿は平成になり造営されたもの。社殿前には記念撮影用の椅子も

境内には個性豊かな神様も！

↑美人成就のご利益がある川屋神社。洗練された雰囲気のトイレのなかに鎮座しています

↑ケンケンパは、邪気や厄を払い自身を浄化させるという意味が含まれています。厄玉に悪い気を吹き込み、ケンケンパで役割石の前に進み、エイッと投げつけて割ってください

ご利益おもちかえり

見通し(レース)守 1000円

↑先を見通す力を授けるお守り。神社オリジナルの桜柄のレースがポイント

さくら守(中) 800円

↑夜桜をイメージした春爛漫という柄が人気。お守りは大小多彩なサイズが

←桜花の社紋が随所に散りばめられた山門

ハッピーな気分になる！

ココだけの御朱印帳！

←かわいらしい色合いの和紙らんまん。中面も桜色でうっすらと桜花が描かれています。1800円

→御朱印帳は全4種類。ハードケースや巾着袋も取り扱っています

↑開運・金運上昇・強運守護の福龍。ナラ枯れで朽ちたコナラの木に、チェーンソーアートの第一人者である栗田宏武氏が命を吹き込みました

桜の花が咲き誇る美しくもありがたい押し印

右の字……下総国のだ
中央の字…櫻木神社
右の印……桜花
中央の印…社紋(桜花)
左の印……扇

DATA 櫻木神社

倉稲魂命《うかのみたまのみこと》・武甕槌命《たけみかづちのみこと》・伊弉諾尊《いざなぎのみこと》・伊弉冉尊《いざなみのみこと》

仁寿元年(851)　神明造

住 千葉県野田市桜台210

交 東武アーバンパークライン野田市駅から徒歩10分　料 無料

+α メモ／清らかな境内のなかでも特徴的なのがトイレ。スタイリッシュなインテリアで統一されていてグッドデザイン賞も獲得しているそうです。ここで神様の存在を感じることで、自宅のトイレ掃除にも磨きがかかるかもしれません。

東京

増上寺《ぞうじょうじ》

600年の歴史を持つ徳川家の菩提寺

建立は9世紀にまで遡り、中世以降は徳川家の菩提寺として寺勢を高めました。大殿のご本尊・阿弥陀如来像は室町時代の作。また安国殿の阿弥陀如来は徳川家康の念持仏であり、長年の香煙で表面が黒ずんでいることから「黒本尊」と呼ばれています。

ありがたい黒本尊の文字と三つ葉葵の寺紋

右の字…奉拝／中央の字…黒本尊／左の字…大本山 増上寺／右の印…三縁山／中央の印…寺紋(三つ葉葵)／左の印…大本山 増上寺

ココだけの御朱印帳！

➡重厚感あるデザイン。三つ葉葵の寺紋は、徳川家の菩提寺であることから。2000円(御朱印込)

➡都心にありながら緑豊かな境内。春には東京タワーと桜が織りなす華やかな景観が楽しめます

ココにも注目！

⬅鐘楼堂に収められる大梵鐘は東日本最大級、江戸三大鐘楼のひとつにも数えられます

ご利益おもちかえり

勝運守 700円

⬅天下統一を成し遂げた家康の念持仏・黒本尊に勝運の加護を祈願

幸運の鐘 1000円

⬅増上寺の大鐘楼がモチーフ。諸願成就の願いが込められています

DATA 増上寺

- 浄土宗
- 三縁山《さんえんざん》
- 阿弥陀如来
- 明徳4年(1393)
- 入母屋造
- 住 東京都港区芝公園4-7-35
- 交 都営三田線御成門駅・芝公園駅から徒歩3分
- 料 無料

群馬

宝徳寺《ほうとくじ》

関東では珍しい床もみじの名所

磨き込まれた本堂の床、28畳分のスペースに燃えるような紅葉が映り込む「床もみじ」で、多くの人を魅了しています。それ以外にも、春には境内に咲き乱れる数百株のボタン、夏には色鮮やかな風鈴のトンネルが、参拝者を楽しませてくれます。

ほっこり地蔵がかわいらしい季節の行事御朱印

左の字…上・南無地蔵尊／下・宝徳禅寺

⬆2024年3月に頒布されたひな祭りの切り絵御朱印

ココだけの御朱印帳！

➡書置きや切り絵御朱印を収めるホルダー式の御朱印帳。3000円

ココにも注目！

➡床もみじの見頃は11月中旬～下旬。初夏には新緑の床もみじも特別公開されます ⬇本堂前の枯山水庭園も見事です

ご利益おもちかえり

地蔵ストラップ 700円

⬅肌身はなさず持ち歩けば、お地蔵様が苦難を除いてくれそう

大丈夫守 600円

⬅心安らかに過ごせるようにと祈念された色の種類が豊富なお守り

DATA 宝徳寺

- 臨済宗
- 大光山
- 釈迦如来
- 宝徳年間(1450頃)
- 禅宗方丈様式
- 住 群馬県桐生市川内町5-1608
- 交 JR桐生駅北口より路線バス川内線にて宝徳寺入口下車約20～40分
- 料 無料

+α メモ 秋の床もみじ特別公開では、ライトアップされた夜の境内も拝観できます。毎年大人気なので、興味がある人はホームページをチェックしてみてください。

神奈川

紅葉が見事な山のなかの不動尊

大山寺

おおやまでら

厄難を取り払う霊験あらたかな関東三大不動のひとつ。紅葉の名所としても全国的に知られています。

1200年以上前に奈良東大寺の初代住職である良弁僧《ろうべんそう》正《じょう》が開創。聖武天皇《しょうむてんのう》が国家鎮護を願う勅願寺としたほか、三代目の住職として空海の名が残るなど、一大霊地として深い歴史を誇ります。場所は雄大な自然が残る大山の中腹。「もみじ寺」と呼ばれるほど美しい紅葉でも有名です。見頃を迎える例年11月中旬から下旬にかけては、ライトアップも実施されます。

お地蔵様も出迎えます

↑本堂で祀られるのは国の重要文化財である鉄造不動三尊像。毎月8のつく日などにご開帳されます ←ケーブルカー駅側の岩山に立つ約6mの十一面観音立像なども見どころです

秋が楽しみ！

燃えるような迫力感じる筆さばき

右の字……奉拝
中央の字…大山鉄不動明王
左の字……雨降山 大山寺
右の印……聖武天皇 勅願之寺
中央の印…カーン(梵字)不動明王の御宝印
左の印……雨降山 大山寺

本堂周辺にも仏像がいっぱい

↑不動明王の眷（けん）属である三十六童子が並ぶ階段。秋には紅葉のトンネルに ↗本堂脇の六地蔵周辺も紅葉狩りに最適。赤く色づいた葉に仏像が映えます ↖女坂の爪切り地蔵。空海が一夜にして爪で彫ったそうです

ココだけの御朱印帳！

金に輝く上品な一冊

↑紅葉に囲まれた大山寺の風景を表現した鮮やかな御朱印帳。1800円

ご利益おもちかえり

交通安全ステッカー 800円

↑不動明王の刀が描かれたシールのお守り

刀守り 800円

↑源頼朝が寺に刀を納めた逸話が起源。開運厄除けなどの種類も

DATA 大山寺

真言宗　雨降山《あめふりやま》　不動明王

天平勝宝7年(755)　入母屋造

住 神奈川県伊勢原市大山724
交 小田急電鉄小田原線伊勢原駅から神奈川中央交通バス大山ケーブル行きで25分、終点下車、ケーブルカーに乗換え3分、大山寺駅下車、徒歩すぐ
料 無料

+α メモ 開運厄除けに効くと評判なのが、大山寺のかわらけ投げ。素焼きの土器を崖の下に投げると厄除けになり、それが直径2.5mの福輪をくぐれば、さらに幸運をもたらすそうです。ちなみに土器はすぐ土に返る素材となっています。

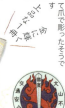

神奈川

花咲き香る日蓮宗最古の名刹

妙本寺

●みょうほんじ

750年以上の歴史を誇る日蓮宗最古といわれる寺院。閑静な雰囲気の境内では四季の花々も楽しめます。

鎌倉時代初期、北条氏の謀略により滅ぼされた比企《ひき》氏の生き残りが、日蓮聖人に屋敷を献上したのが起源。以後は日蓮宗の重要な拠点として崇敬され、現在では霊跡寺院として本山のひとつにも数えられています。また鎌倉における桜の名所としても有名。春には祖師堂の前と二天門の背後にあるソメイヨシノのほか、本堂前の枝垂れ桜などが美しく咲き誇ります。

↑祖師堂は鎌倉最大級の木造仏堂建築。その隣にはバラ科のカイドウがあり、桜の季節が過ぎた頃に見頃を迎えます

仏様に備わっている不思議な力を表現

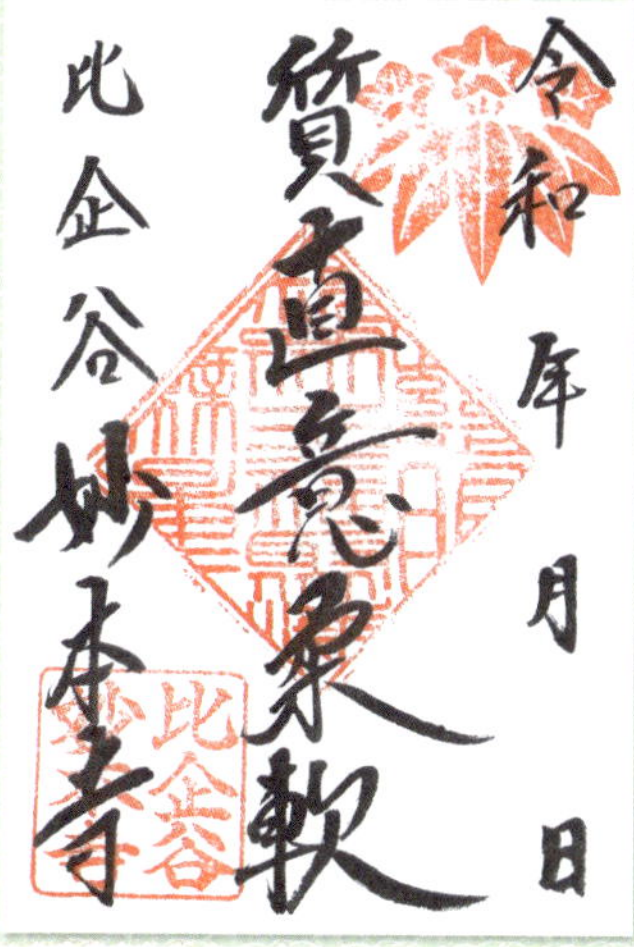

中央の字…質直意柔軟
左の字……比企谷 妙本寺
右の印……寺紋(笹竜胆紋)
中央の印…秘匿
左の印……比企谷 妙本寺

境内は見どころいっぱい

←一尊四士を安置する本堂。ここでは4月8日にお釈迦様の誕生を祝う花祭り法要が行われ、甘茶が振る舞われます ↙天保11年（1840）に建設された弁柄塗りの二天門。その隣にはカエデの巨木があり、秋にはその葉を燃えるような色に染め上げます

→日蓮聖人立教開宗および鎌倉布教750年を記念して建てられた銅像。一切衆生を救うという強い信念の元に、法華経の教えを広めた日蓮聖人の姿を今に伝えています

DATA 妙本寺
日蓮宗　長興山《ちょうこうざん》
一尊四士《いっそんしし》　文応元年(1260)
瓦葺入母屋造(祖師堂)
住 神奈川県鎌倉市大町1-15-1
交 JR横須賀線鎌倉駅から徒歩8分
料 無料

ご利益おもちかえり

病気平穏御守 500円

↑守護神縁の井戸水で依り代を染筆。病気平癒の願いが込められています

大學守 500円

↑比企一族の生き残り大學三郎の名が由来。智恵増進など広範囲をカバーするお守りです

+αメモ 四季折々の花が楽しめる妙本寺。夏場は二天門をくぐった先で、花開く朱色のノウゼンカズラが見ものです。また祖師堂前や鐘楼下にはシャガが群生しており、春先には紫や黄色の模様が入った可愛らしい白い花を咲かせます。

8

おまいりは目を奪う絶景とともに

自然への畏敬の念とともに形成され、今日でも変わらぬ絶景が残る神社。緑濃い山景色、力強い海景色。信仰の対象となるほど雄大な自然は、きっと誰しもの心を洗ってくれます。

茨城

関東平野を見渡す絶景に立つ

筑波山神社

●つくばさんじんじゃ

筑波山をご神体とし、麓に拝殿、男体神、女体山頂上には本殿が。頂上の標高は800m以上ですが、ケーブルカーで気軽に行くことも！

古くから信仰の対象として仰がれてきた筑波山をご神体として祀る神社で、男体山頂上の男体山本殿、女体山頂上の女体山本殿、両本殿を遥拝する拝殿から成り立ちます。境内は筑波山南面を中心におよそ370haにも及ぶ規模。ケーブルカーやロープウェイも整備されているので、気軽に参拝することもできます。

⬇すべての御朱印は登山口にある拝殿でいただくことができます

➡女体山の山頂から関東平野を一望。境内ばかりでなく、その絶景も心を癒やしてくれます

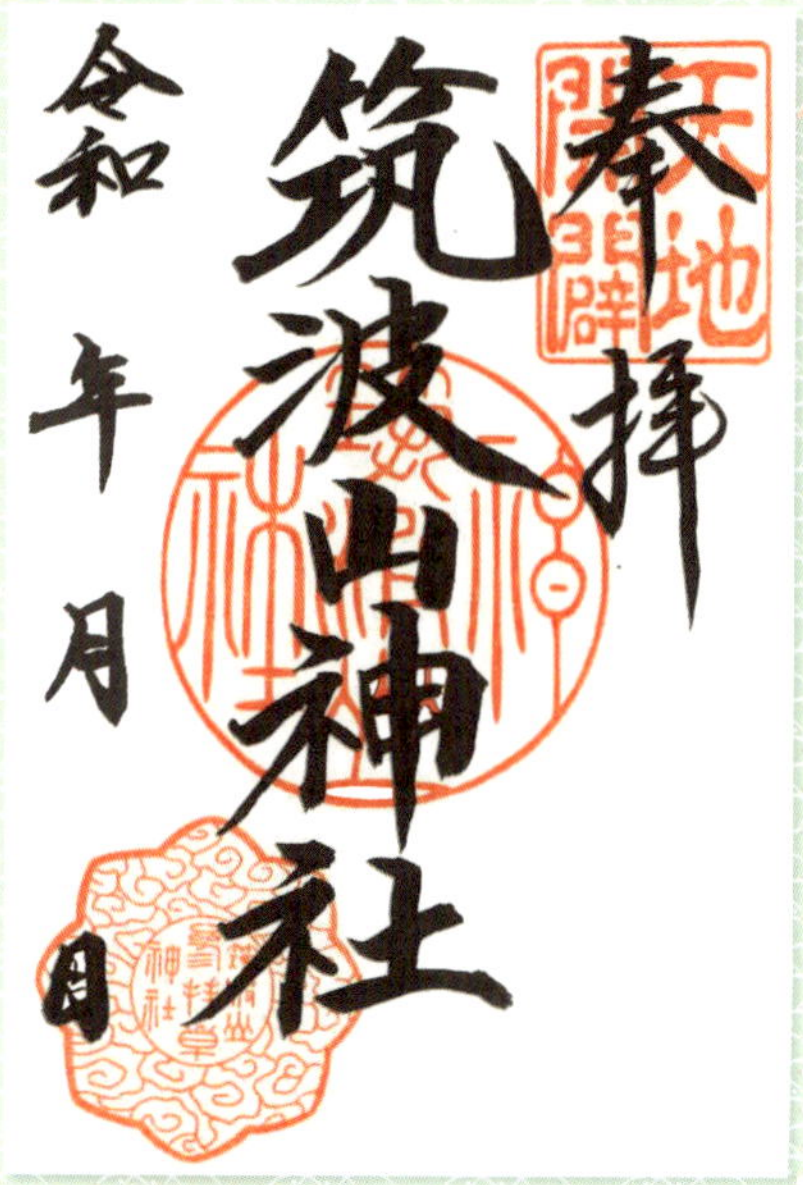

存在感を放つ「天地開闢」の印

右の字……奉拝
中央の字…筑波山神社
右の印……天地開闢
中央の印…筑波山神社
左の印……筑波山神社参拝章

←御朱印は、本殿、拝殿、摂社の全8種類。麓の拝殿でいただけます

百名山がモチーフに！

ココだけの御朱印帳！

←筑波山の雄姿をデザインした大判サイズのオリジナル御朱印帳です

整然とした文字が語る悠久の歴史

中央の字…女体山御本殿
右の印……筑波山東峯
中央の印…女大神 頂上筑波山御本社

登頂したらその証を押印していただく

中央の字…男体山御本殿
右の印……筑波山西峯
中央の印…男大神 頂上筑波山御本社

ご利益おもちかえり

勝守

↑社紋をあしらったお守り。勝負事や仕事にご利益があるとされます

開運招福守

↑拝殿と筑波山をデザインしたお守り。身につけやすいカード型

DATA 筑波山神社

筑波男ノ神《つくばおのかみ》(伊弉諾尊《いざなぎのみこと》)・筑波女ノ神《つくばめのかみ》(伊弉冊尊《いざなみのみこと》)

不詳 一間社流造《いっけんしゃながれづくり》

住 茨城県つくば市筑波1

交 つくばエクスプレスつくば駅から筑波山シャトルバスで36分、筑波山神社入口下車、徒歩５分 料 無料

↓標高871mの男体山頂。ケーブルカー山頂駅から徒歩10分ほど

←標高877mの女体山の山頂。男体山頂上から尾根道を30分ほど歩いて参拝

神奈川

大山阿夫利神社
おおやまあふりじんじゃ

険しい山道の先に広がる霊場と絶景

2000年以上も昔から人々が祈りを捧げてきたという山頂の神々に抱かれながら、眼下に広がる景色に息を呑む…。

山頂から祭祀用の縄文土器が発掘されるなど、太古から信仰を集めたという霊場、大山。標高1252mの山頂に本社、700mには下社が鎮座しています。江戸時代には木製の太刀を頂上に納める大山詣りが人気を集め、江戸の人口が100万人というなかで年間20万人が参拝した記録も。一人前として認められるためには大山に登頂する必要があった地域もあり、立身出世の神様としても広く知られるようになりました。

苦難の道を乗り越えて山頂で祈りを捧げた証

右の字……大山頂上本社
中央の字…大山阿夫利神社
右の印……頂上本社
中央の印…頂上 大山阿夫利神社 本社

山頂からの絶景に癒される

←↓↘ 登山時間の目安は下社から1時間30分。神々しい鳥居をくぐれば山頂です。大山からの眺めはミシュランのグリーンガイドでふたつ星を獲得したほどの絶景。相模平野を一望できるだけでなく、天気のいい日は房総半島まで見渡せます。本社や奥社は慎ましやかながら神秘的。神職は常駐していませんので、御朱印は下山してから下社でいただきましょう

ご利益おもちかえり

納太刀 800円

↑願い事を書いた太刀を山頂に納める風習に基づくお守り。心願成就に最適

天狗御守 800円

↑大天狗とも称されるご祭神の大雷神。火災や盗難除けのお力がお守りに宿ります

ココだけの御朱印帳!

2匹の獅子にほのぼの〜

➡葉桜の下で若獅子が戯れる愛らしい図柄。裏面は紅葉とコマが描かれています。1800円

関東一円の平安を守る 神々との結びつきを感じて

右の字……関東総鎮護
中央の字……大山阿夫利神社
中央の印……関東 大山阿夫利神社 総鎮護
左の印……阿夫利神社下社之印

本社までは本格的な登山

↑下社と本社のある山頂までは標高差500m以上。最初は石段（写真右下）ですが次第に険しい山道となるため本格的な登山の準備が必要です。修験道の名残を感じることができる白山神社の石碑（写真右上）をはじめ、左右同形の縁起のよい巨木である夫婦杉（写真左上）や天狗が鼻を突いて穴を開けたとされる岩（写真左下）など、道中は見どころも多数あります

山頂駅周辺にはかわいい鹿の姿も！

中腹へはケーブルカーで楽々！

←麓から下社までは1時間に3便ほどケーブルカーが行き来しています

←長命延寿のご神水。自由に飲むことができます

←富士山から石を運び積み上げた大山獅子も必見

下社で授かる多彩なご利益

↓→商売繁盛や金運アップなどの祈願は下社でもOK。絶景を楽しめるカフェもあります

DATA 大山阿夫利神社

大山祇大神《おおやまつみのおおかみ》・高龗神《たかおかみのかみ》・大雷神《おおいかずちのかみ》

崇神天皇御代（紀元前97）頃　入母屋造

住 神奈川県伊勢原市大山355
交 小田急小田原線伊勢原駅から神奈川中央交通バス大山ケーブル行きで25分、終点下車、ケーブルカーに乗換え6分、阿夫利神社駅下車、徒歩すぐ　料 無料

+αメモ　大山の紅葉が見頃を迎えるのは例年11月中旬。平日は19時まで、土曜と祝日は20時までライトアップも楽しめます。この時期はケーブルカーも運行時間が延長されます。

千葉

洲崎神社

すのさきじんじゃ

時間で変わる表情。古から続く富士見所

はるか遠く、霊峰富士を拝むことができるこの神社は、神話の時代から変わることのない風景を見守り続けています。

房総半島を開拓した天富命《あめのとみのみこと》が自らの祖母である天比理乃咩命《あまのひりのめのみこと》を祀った神社で、その起源はなんと日本神話の時代。また平家との合戦に敗れた源頼朝が再興を祈願し、その後に広大な社殿を寄進したとも伝えられます。房総半島西南端、標高110mの御手洗山の中腹にあり、晴れた日には富士山を拝むことができ、まさに絶景！ 眼下に広がる大海原にも恵みある豊かな未来を祈りましょう。

↑夕暮れ時には差し込む日差しが拝殿を照らし出し、神秘的な雰囲気に包まれます

←社殿までは厄落としにもなるという148段の石段を登ることになります。振り返れば階段沿いに並び立つ自然林の間から東京湾が見えるはず

ご利益おもちかえり

身守 300円

↑交通安全や開運厄除けなど、ご利益は多彩。再興を祈って身につけるのもOK

釣行安全守り 500円

↑ガラスのなかには魚と釣り針。航海安全や豊漁にも信仰を集める神社ならでは

富士山のような力強さを感じる見事な筆跡

右の字……奉拝
中央の字…洲崎神社
右の印……安房国一の宮
中央の印…洲崎神社

海岸沿いの絶景を堪能する！

↓御手洗山の麓の浜辺も境内で、浜鳥居は絶好の富士見ポイント。竜宮から奉納されたという大きな御神石（写真右）とともに海を眺めるのもおすすめです

ココにも注目！

↑社殿からさらに坂道を登った先にある富士見鳥居。快晴時には額縁のように富士山の風景を演出します

鳥居の奥に富士山！

←夕日とともに富士山を拝める洲崎神社。年2日だけ山頂に日が沈むダイヤモンド富士という絶景を見るチャンスもあります

DATA 洲崎神社
- 天比理乃咩命
- 神武元年（紀元前660）
- 三間社流造《さんげんしゃながれづくり》
- 住 千葉県館山市洲崎1344
- 交 JR内房線館山駅からJR関東バス南房パラダイス行きで28分、南房線洲崎神社前下車、徒歩すぐ 料 無料

+αメモ こちらの神社に神職の方は常駐していませんが、半紙に記された御朱印が階段手前に用意されています。御朱印帳に記載する場合は、兼務している南房総市の愛宕神社の宮司さんに連絡してみましょう（☎0470-33-2800）。

茨城

波間に立つ鳥居で知られる海沿いの古社

大洗磯前神社《おおあらいいそさきじんじゃ》

古の伝説と現代のアニメ、時代を越えて愛される神社。海上の岩の上に立つ鳥居が、波しぶきを受ける景観も見事です。

斉衡3年（856）、平安時代の初期頃、大己貴命《おおなむちのみこと》、少彦名《すくなひこな》命《みこと》が災害に疲弊する国民を救うために降臨し、両神を祀ったことが創建の由来。戦国時代に社殿は全焼しますがそれを嘆いた水戸藩二代藩主・徳川光圀により、新たに再建。以来、福の神様として長く親しまれています。

➊水戸光圀の命により建立された社殿は、江戸の建築様式を今に伝える貴重な建物

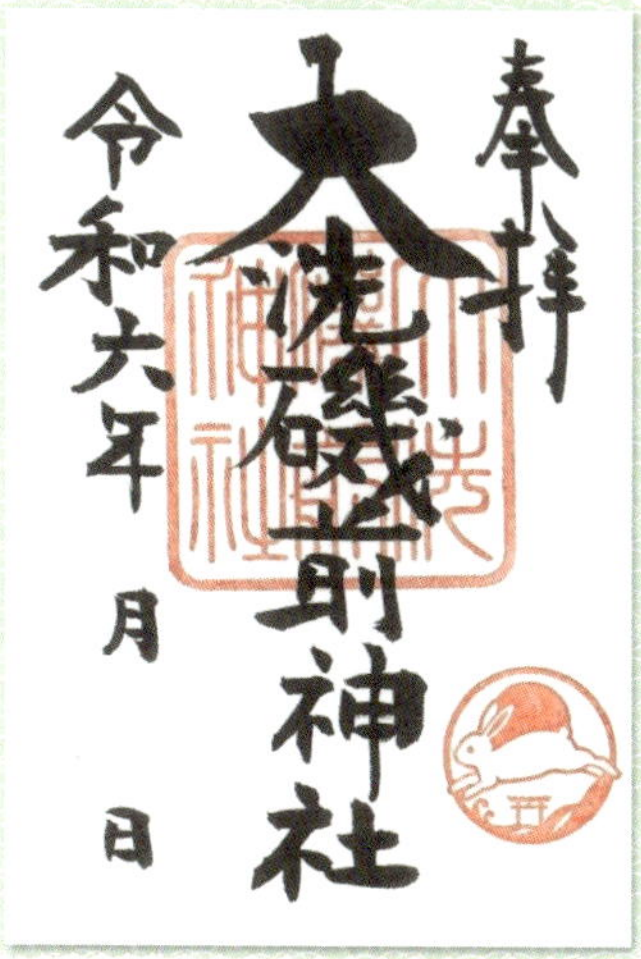

眼前の海を思わせる、力強く流麗な筆致

右の字……奉拝
中央の字…大洗磯前神社
右の印……神磯と兎
中央の印…大洗磯前神社

波しぶきをあびる鳥居

➋ご祭神の出現地である境内下の海岸には「神磯の鳥居」が建てられています

➌境内からは美しく広がる太平洋を一望できます。心洗われる絶景神社としても有名です

➍現在では珍しい茅葺の御本殿。彫刻部分だけ色彩が施されています

ココだけの御朱印帳！

➌海の神社らしい青を基調とした表紙には、神磯の鳥居の姿が描かれています。1500円

ご利益おもちかえり

福守 1000円

➊福の神としてさまざまなご利益で知られる神社を代表するお守り

神磯開運 招福御守 各1000円

➊神磯の鳥居に朝日が輝くありがたいデザインで開運成就！

DATA 大洗磯前神社

大己貴命・少彦名命

斉衡3年（856）

流造

住 茨城県東茨城郡大洗町磯浜町6890

交 鹿島臨海鉄道大洗鹿島線大洗駅から循環バス海遊号で15分、大洗磯前神社下下車、徒歩すぐ

料 無料

+αメモ その絶景は昔から人々を魅了。水戸光圀が参拝した折にもこの景観を讃えて「あらいその岩にくだけて散る月を一つになしてかへる浪かな」との歌を詠んでいます。

御朱印帳&便利グッズカタログ

御朱印集めをする人が増えるにつれて、御朱印帳もさまざまなタイプのものが登場しています。持っていると便利なお役立ちグッズと一緒に、自分好みの一冊を見つけてください！

Selection ❶

寺社オリジナル御朱印帳

御朱印を授与してくださる大多数の寺社は、オリジナルの御朱印帳を用意しています。各寺社を特徴づけるデザインはどれもキュートで、つい手がのびちゃう！

著名人関連タイプ

その寺社に縁のある歴史上の人物や、著名人がしたためた文字をデザインしたタイプ。写真の松陰神社(↓P58)の御朱印帳の裏には吉田松陰の辞世の句が書かれています。

特大タイプ

最近は特大サイズの御朱印帳が登場しています。通常御朱印帳だとサイズが合わない御朱印もありますので、大きめのものを持ち歩いておくと便利かもしれません。写真は一龍院(↓P53)の浮世絵デザインの御朱印帳です。

デザイナーズタイプ

著名なデザイナーの手にかかれば、御朱印帳もこんなド派手に大変身。鎮守 氷川神社(↓P52)では、横尾忠則さんデザインの御朱印帳を、毎月15日限定で頒布しています。３０００円。

御朱印帳はどこで買う？

基本的には以下の3カ所。①神社またはお寺 ②文房具店 ③ネット通販。①は説明不要ですね。②は意外かもしれませんが、大きな店では専門コーナーもあります。最近人気なのは③。デザイン豊富で選ぶのに迷ってしまうほどです。

個性いろいろ！全部欲しくなっちゃう

動物タイプ

寺社とゆかりのある動物が描かれたかわいらしい御朱印帳。眺めているだけで癒されます。阿佐ヶ谷神明宮(→P48)では、絶滅危惧種の朱鷺《とき》をデザイン。3500円

カラフルタイプ

御朱印ガールに人気が高いのが、多色使いの織物が表紙のタイプ。足利織姫神社(→P82)は、織物の町の神社らしく、細部まで美しく彩られていて大人気の一冊です。

木製タイプ

表表紙が木になっただけで、なんだかありがたみまでアップしたみたい。大宮八幡宮(→P88)では無地のタイプのほか、表紙に季節の花の焼印が押された限定の御朱印帳も用意。

御 こんな変わり種も 紐綴じ御朱印帳

朱印帳は蛇腹式が一般的ですが、なかには紐で綴じられたタイプも存在します。さらに紐綴じ式は2種類に分類されます。紐を解いて帳面を自由にばらせるものと、和綴じで製本するためばらせないもの。帳面の紙が薄い場合は、片面だけ使います。

⬅帳面を増やせるので霊場めぐりで使用されることが多いようです

御朱印帳＆便利グッズカタログ

Selection ❷

ご当地御朱印帳

寺社オリジナルの御朱印帳には、その土地の特産品や景勝地などが描かれたものもあります。御朱印めぐりの記念にいかが？

東京都・東京タワー

タワー大神宮（→P81）の御朱印帳。東京タワーはもちろん、富士山、桜といった日本を象徴するようなデザインが施されています。表面は昼間、裏面は夜の風景で、雰囲気がガラリと変わります。

裏面は夜景バージョン

千葉県・富里スイカ

富里高松　香取神社（→P116）がある千葉県富里市の特産品「スイカ」がモチーフ。黄色と黒の黒西瓜バージョンのデザインもあります。かわいくてつい持ち歩きたくなります。

スイカの皮と果肉を表紙両面で表現

鎌倉のシンボル的存在

神奈川県・鎌倉大仏

高徳院（→P112）の大仏様が描かれた御朱印帳。表紙は緞子地で、背表紙には雲板を箔押ししています。グレーの落ち着いた色合いでありながら、凝ったデザインで存在感抜群です。

地域の特徴が反映されたデザイン！

埼玉県・和同開珎

聖神社（→P139）は日本初の鋳造貨幣「和同開珎」ができるきっかけとなった銅の発掘場所「和同遺跡」に近いことから、御朱印帳には和同開珎や御神宝であるムカデが描かれています。手元にあるだけで、ご利益がありそうです。

金運にご利益ありそう

東京都・羽田空港

羽田神社（→P54）の御朱印帳は、羽田空港から飛び立つ飛行機と神輿が描かれています。御朱印帳と同じデザインの御朱印帳袋に入れて大切に保管するのもいいでしょう（※御朱印帳と御朱印袋はセットではありません）。

空を見上げるようなデザイン

茨城県・筑波山

「筑波山」を御神体とする筑波山神社（→P66）の御朱印帳。山の背後から太陽が昇る風景写真が印象的です。御朱印帳を開く度にこの美しい風景が心を癒してくれます。

ダイヤモンドのように輝くご来光が神秘的

御朱印帳&便利グッズカタログ

Selection ❸

便利な御朱印帳グッズ

なくても大丈夫だけど、あれば御朱印集めがもっと楽しく、もっとスマートになるグッズを紹介！デザインもかわいいので、ついつい欲しくなっちゃうはず。

御朱印ホルダー

書き置きの御朱印が御朱印帳のサイズに合わない、糊で貼り付けるのには抵抗がある、という人におすすめ。フィルムをめくって御朱印を挟んで保管できます。各2970円

桃

うずまき柴犬

富士山

しずく

モダン菊

東京

見開きタイプも人気

見開き型の御朱印が増えてきたことに合わせて、御朱印帳ホルダーもB5サイズの大型が登場。最近では、豪快な見開き御朱印も書き置きのものが多くなっています。ぜひこちらを手に入れて、大切な御朱印を折らないように保管しましょう。各4378円

御朱印帳袋

大切な御朱印帳を入れるポーチもいろいろ。御朱印帳が汚れるのを防ぐだけでなく、表地と裏地の間に薄い綿が入っているので衝撃からも守ってくれます。各2860円

うさぎ波文様

モダン梅

モダン

コレを揃えれば御朱印マスター!?

万が一に備える御朱印ファン必携

御朱印帳バンド

御朱印帳がバッグのなかで開いてしまい帳面を汚してしまった。そんなことがないようにバンドをするとグッド。御朱印帳に合わせてカラーは選んで。各330円

せっかくならおしゃれに保管しよう

見開き御朱印ホルダー用／色敷き紙（30枚入り）

切り絵や書き置き御朱印に敷く色紙は10色用意。また各10色が3枚ずつ入った商品もあります。880円

かわいい御朱印帳を隠さずに守る!

ビニールカバー

袋に入れ、御朱印帳のデザインが隠れてしまうのが嫌なら、こちらはいかがでしょう。透明度の高いクリアタイプと、つや消しのマットタイプがあります。330円～

購入はこちら

ホリーホック

御朱印帳だけでなく御朱印帳カバーやしおりなど、オリジナルの御朱印関連グッズを扱う通販サイトを運営。こちらで紹介した商品以外も、すべてオンラインで購入できます。オリジナル御朱印帳は職人が手作りしているので丈夫。長く愛用できるはずです。

https://www.goshuincho.com

※商品の柄は変更され、販売が終了することもあります。

前玉神社のにゃんこ御朱印

毎月22日に頒布される、境内の猫と肉球のスタンプが押された御朱印が話題を集めています。猫好きには必見です！

猫をモチーフにした御朱印について前玉神社に聞いてみました！

毎月22日前後で頒布される、境内にいる猫のスタンプが押された限定御朱印。4匹の猫に会いにくる参拝者が増えたことをきっかけに、2018年の12月頃から頒布を開始したそうです。毎年2月22日の猫の日には、特別限定御朱印「にゃん・にゃん・にゃん」を受けることができます。境内にある「浅間神社」の限定御朱印もセットです。

2月22日に頒布される、カラフルな猫がキュートな御朱印

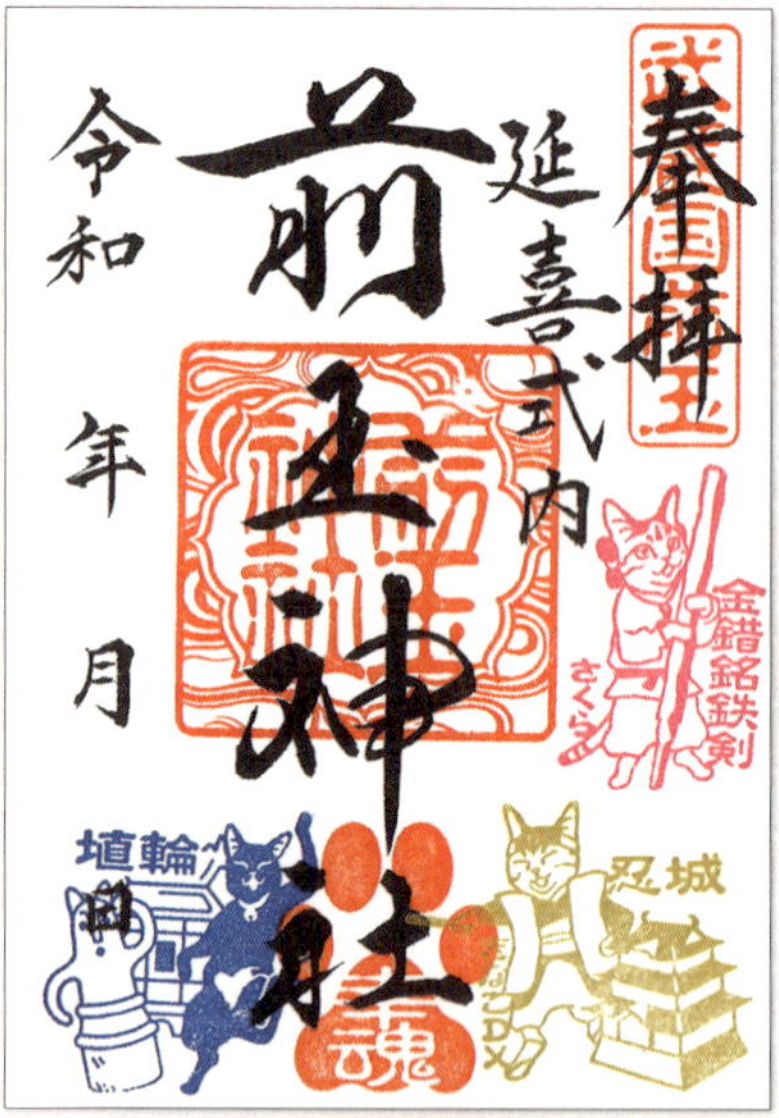

右の字……奉拝
延喜式内
中央の字…前玉神社
右の印……上・武蔵国前玉
中・金錯銘鉄剣
さくら(猫)
下・忍城　きなこ
DX(猫)
中央の印…上・前玉神社
下・幸魂(肉球)
左の印……埴輪・ミント

直書き…不可
書き置き…可
初穂料…1200円（前玉神社と浅間神社のセット）
拝受期間…2月21日～25日（年によって変動）
受付場所…特設頒布所（境内）
予約…不可
郵送対応…可（公式HPで要確認）

ご利益おもちかえり

ポケットから猫がひょっこりのぞく御守800円

➊猫の飾りがついた御守り。白・水色・ピンク・紫・黄色の5色があります

ココだけの御朱印帳！

➊ピンクと黄色も。前玉神社・浅間神社の2種の御朱印付き。3000円

境内にいる4匹のにゃんこたち

きなこ 人懐っこくてたくさん撫でさせてくれます。最近は、歳をとり体調を崩しがちで社務所の中にいることが多いそうです

さくら やんちゃで外で遊んでいることが多く、社務所の屋根によく登っています。寄ってくるのを待っていると撫でられにやってきます

ミント 人見知りなので境内で見かけるのがレアな猫です。お腹にハートマークの模様があるのが、なんともかわいらしい！

てん 2023年の10月に保護した猫。小さい頃から人に慣れているので足元に擦り寄ってきます。噛み癖があり本気で噛んでくることも!?

➊『延喜式』(927年)に載る古社で、「幸魂神社」とも呼ばれます。また、正倉院文書神亀3年(726年)の山背国戸籍帳には、前玉神社から名付けられた「武蔵国前玉郡」という地名の表記がありました。後に、前玉から埼玉へと漢字の変化があったことから、県名発祥の神社といわれています。御祭神の前玉彦命・前玉姫命は人の身を守り、幸福をもたらすほか、縁結びの神様でもあります

DATA 前玉神社
前玉彦命《さきたまひこのみこと》・前玉姫命《さきたまひめのみこと》
400年代後半～500年代前半
住 埼玉県行田市大字埼玉5450
交 JR行田駅から市内循環バスで埼玉古墳公園前下車から徒歩7分
料 無料

第4章

ご利益でめぐる御朱印

御朱印とともに授かりたいご利益。恋愛成就ならこの神社へ、金運アップならあの寺へ…。お願い事が決まっているなら、こちらをチェック。

❶ 恋愛・縁結びに効く神社

めぐり合いは時の運。パワースポットがあなたの味方です。神聖な雰囲気のなかで気持ちを引き締め、迷いや悩みを吹っ切るのもよいでしょう。

↑緑豊かな約4000坪の境内。現在の社殿は昭和13年(1938年)に建てられました

東京

約1900年の歴史を誇る、縁結びで有名な神社
渋谷氷川神社
●しぶやひかわじんじゃ

素盞鳴尊と稲田姫命の夫妻を祀る縁結びにご利益があり、毎月15日には縁結びの祈願祭が行われます。

渋谷最古の神社。慶長10年(1605)の『氷川大明神宝泉寺縁起《ひかわだいみょうじんほうせんじえんぎ》』によると景行天皇の御代の皇子日本武尊《やまとたける》東征の際、当地に素盞鳴尊を勧請したと記されています。

御祭神として素盞鳴尊、稲田姫命、大己貴尊、天照皇大神の4柱の神様を祀っています。境内には江戸郊外三大相撲のひとつ金王相撲の相撲場があります。

ご利益おもちかえり

縁結び絵馬 1000円

↑ハート型の可愛らしいデザインの絵馬。老若男女問わず人気です

縁結び御守り 500円

↑カード型のお守りなので常に持ち歩けます。ピンク色のものは15日限定です

11月 紅葉

右の字……上・奉拝
中央の字…渋谷氷川神社 下・霜月
中央の印…氷川神社
左の印……社紋(三つ巴)

ハートが可愛らしい毎月15日限定の御朱印

右の印……上・奉拝 下・縁結び祈願
中央の印…中・縁EN 下・渋谷氷川神社
左の印……上・霜月縁日 下・社紋

ココだけの御朱印帳！

➡境内にある土俵の「円」を「縁」にかけた御朱印帳。見開きにすると「結」が現れます。2000円

DATA 渋谷氷川神社
素盞鳴尊《すさのおのみこと》・稲田姫命《いなだひめのみこと》・大己貴尊《おおなむちのみこと》・天照皇大神《あまてらすすめおおかみ》
不詳
流造
住 東京都渋谷区東2-5-6
交 JR恵比寿駅西口・渋谷駅新南口から徒歩15分
料 無料

東京

タワー大神宮

たわーだいじんぐう

東京タワー登って縁結びの祈願をしよう

↑伊勢神宮から天照大御神を勧請し創建。メインデッキは高さ150mの位置にあり、景色も抜群

昭和52年（1977）、東京タワーの運営会社の創立20周年を記念し、展望台に建立。天照大御神を祀り、主に縁結びや学業成就にご利益があるといわれています。昔から多くの人々に信仰されている由緒ある神社です。タワー大神宮に参拝する際は、メインデッキのチケットが必要です。また、御朱印はメインデッキ2階の「OFFICIAL SHOP THE SKY」でいただくことができます。

日本のシンボル的存在が描かれた御朱印

右の字……奉拝
中央の字…タワー大神宮
右の印……上・芝公園鎮座　下・東京タワー
中央の印…タワー大神宮之印
左の印……富士山と朝日

右の字……奉拝
中央の字…タワー大神宮
右の印……上・芝公園鎮座　下・東京タワー
中央の印…タワー大神宮之印
左の印……桜
※季節限定の御朱印です

ココだけの御朱印帳！

→表面、裏面のどちらからも使用可能。東京タワーと富士山、桜が描かれています。2570円

DATA タワー大神宮
天照皇大神《あまてらすおおみかみ》
昭和52年（1977）
住 東京都港区芝公園4-2-8 メインデッキ2階
交 都営大江戸線赤羽橋駅 赤羽橋口から徒歩5分
料 1500円（メインデッキチケット）・高校生1200円・小中学生900円・幼児600円（4歳以上）

ご利益おもちかえり

えんむすび祈願お守り 550円

↑恋愛成就などにご利益があるお守り

絵馬 730円

↑恋愛成就や合格祈願などにご利益があります。ハート型も用意

+α メモ／東京タワーのライトアップが消える瞬間を一緒に見た恋人たちは末永く幸せになれるというジンクスがあります。また、プロポーズも行われることから、タワー大神宮では恋愛にまつわる祈願をする人が数多くいます。

千葉

カラフルな御朱印がたくさん

大原神社《おおはらじんじゃ》

伊弉冉尊と伊弉諾尊の夫婦神を主祭神とすることから、ご縁結びの神社と名高い大原神社。近年は御朱印に力を入れていて、季節ごとに一面と見開きの御朱印を用意。そのほかにも、とてもカラフルな特別御朱印もあるので、どれにしようか迷うほど。

四季の移ろいを多彩な印で表現

右の字…奉拝／中央の字…大原神社／右の印…蝶とチューリップ／中央の印…大原神社之印／左の印…上：ご縁結びの杜　稲穂　下：結びの神社　すずらん

ココだけの御朱印帳！

➲華やかな花柄の表紙に鳥の子和紙を使用し、参拝巡礼ご守護札を納めています。2000円

➲摂末社には月読命、素盞嗚命、素盞嗚命、蛭子ノ命、応神天皇、素盞嗚命、素盞嗚命、伊都伎嶋大神も祀られています

ココにも注目！

➲習志野名木100選に選ばれている2本のタブノキは、夫婦神の和合を象徴する御神木

ご利益おもちかえり

大丈夫守 各800円

➲梅の花をあしらったお守り。どんな苦難や悩みも大丈夫！

安産お守 800円

➲1枚の古布調の生地から奉製しており1体1体表情が違います

DATA 大原神社

伊弉冉尊《いざなみのみこと》・伊弉諾尊《いざなぎのみこと》・猿田彦命《さるたひこのみこと》

天治元年(1124)

入母屋造

住 千葉県習志野市実籾1-30-1

交 京成電鉄成田線実籾駅から徒歩6分

料 無料

+α メモ　6年ごとに開催される「下総三山の七年祭り」は、船橋市にある二宮神社を中心に、船橋市、千葉市、八千代市、習志野市の9つの神社合同で行われます。9神社の御輿が街を練り歩き、二宮神社を目指す様子は大迫力です。

栃木

機織の神様が良縁をもたらす

足利織姫神社《あしかがおりひめじんじゃ》

足利は織物の産地として栄えた町。その機織を司る神を祀っています。織物は経《たて》糸《いと》と緯糸《よこいと》が結ばれてできることから、縁結びのご利益があると古くから評判です。人、健康、知恵、人生、学業、仕事、経営の7項目との縁を結んでくれるといわれています。

経糸と緯糸のように7つの縁を結んでくれる

右の字…奉拝／中央の字…足利織姫神社／右の印…結縁　天御鉾命　天八千々姫命／中央の印…上：社紋(経糸と緯糸)　下：於里比賣乃也志呂印

ココだけの御朱印帳！

➲7つのご神徳を表す7束の織物をデザインしています。濃紺バージョンもあります。2500円

➲鳥居から社殿までは229段の石段を登ります。これを登りきってこそ縁結びの願いが叶うそうです

ココにも注目！

➲境内は織姫山の中腹にあり、眺望抜群。参道の途中には地元で人気のそば店があります

ご利益おもちかえり

7色でカラフル！

結び守 各500円

➲恋愛だけでなくさまざまな縁を結んでくれます。全7種類

縁結び守 各500円

➲好きな人とペアで持てば、恋愛成就の霊験あらたかなお守りです

DATA 足利織姫神社

天御鉾命《あめのみほこのみこと》・天八千々姫命《あめのやちちひめのみこと》

宝永2年(1705)

住 栃木県足利市西宮町3889

交 JR両毛線足利駅、または東武伊勢崎線足利市駅から車で5分

料 無料

神奈川

絶景が待つ石段を上って良縁祈願！

東叶神社

●ひがしかのうじんじゃ

願いが叶う神社にあるのは良縁を結ぶ、ふたつの坂。その先には浦賀湾を一望できる絶景スポットまであります。

平安時代末期に創建された古社。江戸時代の行政政策により浦賀村が分断され、叶神社も東西に分かれました。その東側、奥の院のある明神山は浦賀城址であり、渡米前に勝海舟が断食修行をした場所としても有名。さらに拝殿から奥の院に登るための階段はそれぞれ「恵仁志坂《えにしざか》」と「産霊坂《むすびざか》」と呼ばれ、縁《えにし》をむすぶ良縁祈願のパワースポットとしても評判です。

勝海舟ゆかりの井戸です

↑←急な石段の先に位置する拝殿。道すがらには源頼朝が伊豆から移植奉納したというソテツが植えられているほか、浦賀港に面した石鳥居の光景が拝めるなど、見どころがたっぷりです

勝海舟も見た光景

願いを叶える ご利益満載！ 景色もキレイ

↑拝殿脇から恵仁志坂と産霊坂を登れば山頂。浦賀湾の絶景が広がります

↗豊かな自然に囲まれた奥の院。祈願成就のパワーを賜りましょう

↖勝海舟が水垢離をした井戸水で硬貨を洗えば運気上昇

流れるような穏やかな筆跡は浦賀の海のよう

右の字……奉拝
中央の字…叶神社
右の印……横須賀 東浦賀
中央の印…叶神社印
左の印……叶神社社務所

ココだけの御朱印帳！

美しく迫力満点！

↑図柄は勝海舟がアメリカ行きの際に乗船した咸臨丸。絵巻のように迫力満点です。1200円

ご利益おもちかえり

勝守 800円

↑勝海舟ゆかりのお守り。荒波を乗り越える力を与えてくれそう

勾玉を入れる袋 500円

↑3種類の色があるかわいいお守り袋。勾玉は西叶神社にあります

DATA 東叶神社
誉田別尊《ほむたわけのみこと》・比売大神《ひめおおみかみ》・息長帯比売命《おきながたらしひめのみこと》
養和元年(1181)
権現造
住 神奈川県横須賀市東浦賀2-21-25
交 京急本線浦賀駅から京浜急行バス観音崎行きで5分、新町下車、徒歩10分
料 無料

+α メモ　東叶神社で勾玉を入れる袋を手にしたら、次は西叶神社に参拝して勾玉を賜りましょう。袋に勾玉を入れて身につけることで、恋愛が成就するといわれています。浦賀の渡船を利用すれば両神社の行き来も楽々です。

神奈川

歴史的な運命の出会いから創建！

西叶神社

にしかのうじんじゃ

源頼朝の成功を祈って創建された神社。その裏には運命を感じさせるよき出会いがありました。

後《ご》白河法皇《しらかわほうおう》の逆鱗に触れ流刑された文覚上人《もんがくしょうにん》が、その先で出会った源頼朝と親しい間柄になり、源氏再興を祈願して創建。その願いはわずか5年足らずで成就し、頼朝から叶大明神という称号が与えられたといわれています。そうした歴史的な出会いが背景にあることから、縁結びのご利益はもちろん「叶」の名前の通り願いを叶える神社としても崇められてきました。

福寿弁財天もあります

↑江戸末期に再建された現在の社殿。内外の彫刻装飾は安房国を代表する彫刻師であった後藤利兵衛義光の最高傑作といわれています
←急勾配を登った先の金比羅神社も見どころ

大きな叶の字が心願成就を力強く後押し！

右の字……奉拝
中央の字…叶神社
右の印……相州浦賀町宮下
中央の印…叶神社印

歴史ある港町！

ただ静かに浦賀の町を見守る社

↑金比羅神社の裏手から見る浦賀湾。対岸の様子がはっきりとうかがえます
↗さまざまな神様を祀る摂末社。秋にはヒガンバナの花が見頃を迎えます
↖立派な白いイカリ。船舶の航海安全を願って奉納されました

ココだけの御朱印帳！

清楚な純白！

↑落ち着いた色合いに、金色に輝く菊の社紋が映えます。神聖な雰囲気です。1500円

ご利益おもちかえり

叶守 500円

↑シンプルさが魅力。夢が叶うよう祈りを込めて身につけましょう

勾玉 500円

↑ヒスイと水晶と紅水晶の3種から選べます。どれも美しい色合い

DATA 西叶神社
☀ 誉田別尊《ほむたわけのみこと》・比売大神《ひめおおみかみ》・息長帯比売命《おきながたらしひめのみこと》
養和元年（1181） 権現造
住 神奈川県横須賀市西浦賀1-1-13
交 京急本線浦賀駅から京浜急行バス久里浜行きで5分、紺屋町下車、徒歩すぐ
料 無料

+α メモ さまざまな歴史書に登場する創建者の文覚上人。平家物語では海の嵐すらも鎮める超能力者として描かれています。真偽のほどが定かではありませんが、源頼朝の運命を変えた縁の深い人物であることは間違いないでしょう。

東京

芝大神宮

しばだいじんぐう

ここだけの名物・千木筥《ちぎばこ》に願いを託す

ご鎮座は寛弘2年（1005）、1000年以上に渡り「関東のお伊勢さま」として知られてきた由緒正しい神社です。「千木筥」と呼ばれる授与品は全国でもここだけ。伊勢神宮のご祭神である天照大御神《あまてらすおおみかみ》、豊受大神《とようけのおおかみ》の二柱を祀ることから、縁結びのご利益も。

御朱印はお守りの授与とともに

右の字…奉拝／中央の字…芝大神宮／右の印…上・芝神明　下・元准勅祭十社之内／中央の印…芝大神宮

➔見事な達筆の墨書。御朱印とともに、栞型のお守りもいただけます

ココだけの御朱印帳！

➔日光杉並木の古木を使用した、木の香りただよう大判の御朱印帳。左には千木筥の模様

➔都心に立つ社殿は、震災、戦災により幾度かの焼失と再建を経て、現在の建物となりました

ココにも注目！

➔豊臣秀吉、徳川家康をはじめ、数々の武将も参拝したと伝えられています

ご利益おもちかえり

商売繁盛守

➔ビジネス街という場所柄、商売繁盛のご利益でも知られています

千木筥おまもり（土鈴）

➔全国でも芝大神宮のみで授与される千木筥型。女性の幸福を守護

ここだけの幸福守！

DATA 芝大神宮

- 天照大御神・豊受大神
- 寛弘2年(1005)
- 神明造
- 住 東京都港区芝大門1-12-7
- 交 都営浅草線ほか大門駅から徒歩すぐ
- 料 無料

東京

東京大神宮

とうきょうだいじんぐう

神前結婚式創始の神社で良縁祈願

東京にいながら伊勢神宮をおまいりできる遥拝殿《ようはいでん》として、明治13年（1880）に創建。「東京のお伊勢さま」といわれ親しまれています。日本で最初に神前結婚式を行った神社であることから、縁結びのご利益で知られ、良縁を願う参拝者が多く訪れます。

力強い文字が印象的

右の字…奉拝／中央の字…東京大神宮／中央の印…東京大神宮

ココだけの御朱印帳！

➔美しい蝶が飛び交う雅やかなデザインが印象的な蝶柄のほかに、桜、うぐいすの全3種類があります。1500円

➔伊勢神宮の神々を祀り、結びの働きを司る「造化の三神」をあわせ祀ることから、縁結びのご利益が有名

ココにも注目！

➔衣食住・商売繁昌・家業繁栄の神として広く崇敬される飯富（いいとみ）稲荷神社も

ご利益おもちかえり

縁授守 1000円

➔「えんじゅ」の木の玉を、しけ絹の袋におさめた縁結びのお守り

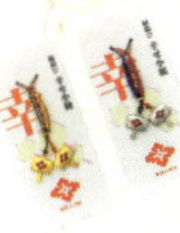

縁結び幸せ小槌 1000円

➔打出の小槌がモチーフで、合わせると「幸」の文字が重なります

DATA 東京大神宮

- 天照皇大神《あまてらすすめおおかみ》・豊受大神《とようけのおおかみ》
- 明治13年(1880)
- 神明造
- 住 東京都千代田区富士見2-4-1
- 交 JR・地下鉄飯田橋駅から徒歩5分
- 料 無料

+α メモ　東京大神宮は縁結びのご利益で知られる神社だけに、境内には平日でも大勢の参拝者の姿が。縁結びや恋愛成就のお守りの種類が多く、かわいらしいデザインのものが揃っています。

② 金運・財運アップに効く寺社

すこやかで幸せな人生を過ごすためにお金は大切な要素。単なる欲ではなく、具体的な目標を持って清らかな気持ちで参拝するのがおすすめです。

神奈川

お金を清めれば倍に増える?!

銭洗弁財天宇賀福神社《ぜにあらいべんざいてんうがふくじんじゃ》

境内にこんこんと湧き出る霊水でお金を洗えば、清らかな福銭となり、大きな幸運を授けてくれるでしょう。

その名の通り、お金を洗うことで金運アップや商売繁盛のご利益に繋がるという神社。文治元年(1185)、源頼朝が宇賀福神のお告げにしたがい岩窟を掘り、湧き出た神の霊水で神仏を祀ったのが起源といわれています。その意志を受け継いだ鎌倉幕府五代目の執権である北条時頼が「この地の霊水でお金を洗い一族繁栄を祈った」という逸話が広まり、現代まで続く信仰となりました。

←願いが叶った参拝客が奉納した小さな鳥居も数多あり

➡奥宮のある洞窟にて湧き出る銭洗水。鎌倉五名水でもあるこちらの水でお金を洗うと、何倍にも増えて戻ってくるといわれています

金運アップ間違いなし! 正しいおまいりの順路

入口

➡鳥居とトンネルをくぐり境内へ。まるで別世界への入口のよう

鳥居

➡トンネルを抜けると、鳥居がいっぱい。ご利益のあった参拝者が奉納したものだそうです

社務所

➡手水で身を清めた後は、線香とろうそくを購入しましょう。お金を入れるザルは無料です

霊水を思わせる流れるような美しい筆跡

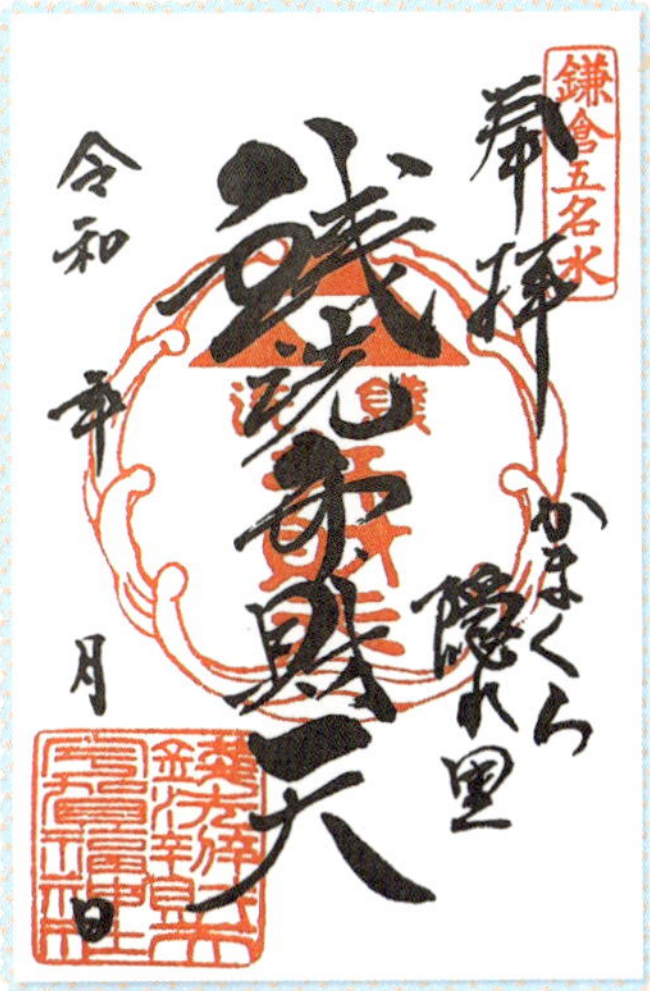

右の字……上・奉拝
下・かまくら隠れ里
中央の字…銭洗弁財天
右の印……鎌倉五名水
中央の印…銭洗弁財天（三つ鱗の社紋）
左の印……銭洗弁財天宇賀福神社

ココだけの御朱印帳！

水の絵柄が印象的！

◆水しぶきに包まれる三つ鱗の社紋が特徴。三つ鱗は北条家の家紋でもあります。1500円

奥宮

奥宮は洞窟の奥

◆まずは参拝。邪気を払う線香と、闇を照らすろうそくを奉納します

本社

➔お金を清める前に、水と芸能の神様という市杵島姫命（いちきしまひめのみこと）を祀る本社にも参拝。奥宮の洞窟手前にあります

上之水神

➔階段を登るとあります。境内に湧く清らかな水に感謝と祈りを捧げて

下之水神

マイナスイオンたっぷり！

◆続いて小さな池の先にある下之水神を参拝。池には小さな滝が流れ鯉も泳いでいます

七福神社

➔商売繁盛のご利益が。ここを参拝してから奥宮へ戻ります

奥宮

◆ザルのなかのお金にひしゃくで汲んだ霊水をかけて。3回ほどで十分です

ご利益おもちかえり

小槌鈴 500円

◆打出小槌のなかには鈴が入っており、振れば清らかな音色が

幸運の銭亀 1200円

◆べっこう製の小さな亀。金運上昇を願って金庫や神棚に

御宝銭 500円

◆小判形のお守り。財布のなかに忍ばせるのに丁度よいサイズ

DATA 銭洗弁財天宇賀福神社

市杵島姫命《いちきしまひめのみこと》

文治元年(1185)　切妻造

住 神奈川県鎌倉市佐助2-25-16
交 JR横須賀線鎌倉駅から徒歩25分
料 無料

+αメモ　霊水で清めたお金はお守りとして持ち歩きたいものですが、実はすぐに使い切ったほうがご利益があるとされています。金は天下の回り物という言葉のように、ひとつの場所に留めず水のようにめぐらせることが大切なのでしょう。

茨城

大宝八幡宮

●だいほうはちまんぐう

縁起のよい名前が示す金運のご利益

大宝元年（701）、藤原時忠が筑紫の宇佐神宮を勧請創建したと伝わる関東で最古の八幡様。そのご神徳による心願成就、開運厄除けのほか、とくに近年はその縁起のよい名前から財運招福の神社として名を馳せ、各地から多くの参拝者が訪れます。

↑天正5年（1577）築の社殿をはじめ、拝殿、神楽殿など貴重な建築が多数あります

ココにも注目！

→心の有り様が重さの感じ方を変えるため、祈願する前後で重さが変わる重軽石（おもかるいし）

ココだけの御朱印帳！

↓木の表紙の御朱印帳。季節の花をあしらったデザインもあり。1500円

心落ち着く木の香り

神光の文字と大寳の名が心強い

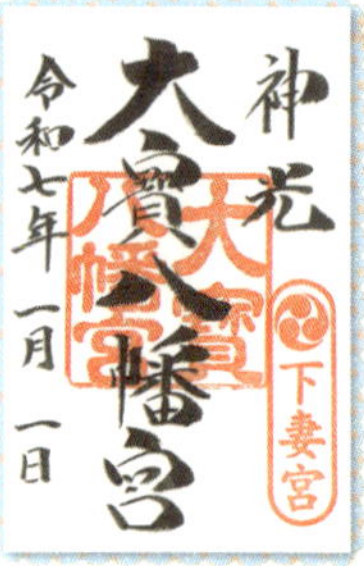

右の字……神光
中央の字…大寶八幡宮
右の印……下妻宮
中央の印…大寶八幡宮

ご利益おもちかえり

願い石 500円

↑2つの石に願いを書き、ひとつは境内に供え、ひとつはお守りに

心願棒守 1000円

↑ギュッと握って願いながら心を落ち着かせる棒状のお守り

DATA 大宝八幡宮

誉田別命《ほんだわけのみこと》・足仲彦命《たらしなかつひこのみこと》・気長足姫命《おきながたらしひめのみこと》

大宝元年(701)

三間社流造《さんげんしゃながれづくり》

住 茨城県下妻市大宝667
交 関東鉄道常総線大宝駅から徒歩3分
料 無料

+α メモ なにかと見どころの多い境内。仁王像が立つ神門や近年になって復元された鐘楼など、明治の神仏分離令以前の時代を偲ばせる建築物も点在しています。京都の西陣織の御朱印帳袋1000円は全10色で大人気。

山梨

新屋 山神社

●あらや やまじんじゃ

金運神社の別名で知られる神社

創建は室町時代後期。大山祇命《おおやまつみのみこと》をお祀りし、古くから山を守る神、産業の神として地域の人々の崇敬を集めてきました。車で30分ほど離れた富士山の2合目「へだの辻」と呼ばれる場所に奥宮があり、とくにそちらは金運にご利益があるといわれています。

→500年近い歴史を持つ神社。本殿は昭和9年（1934）に再建。幣殿、拝殿は新たに昭和48年（1973）に造営されました

ココにも注目！

←奥宮は山道を進んだ先にあります。冬期は雪が積もるため参拝できないので注意を

金運守り 1500円

←金運上昇の金色のお守り。カード型で財布に入れて持ち歩けます

ご利益おもちかえり

厄除御守 500円

←ご祭神の神徳によって厄除け招福を祈願。落ち着いたデザイン

力強くそびえ立つ富士山のデザインが秀逸！

右の字…奉拝
中央の印…上:富士山 下:新屋 山神社

ココだけの御朱印帳！

→表面には荘厳な社殿が描かれ、裏面には富士山の雄姿がデザインされています。1500円

DATA 新屋 山神社

大山祇命《おおやまつみのみこと》・天照皇大神《あまてらすおおみかみ》・木花開耶姫命《このはなのさくやひめのみこと》

天文3年(1534)

住 山梨県富士吉田市新屋4-2-2
交 富士急行富士山駅から車で10分
料 無料

+α メモ 拝殿にある三角形の石はご神石。神様におうかがいを立て、3回持ち上げて感じた重さが変われば、速やかに事が運ぶという不思議な石です。※現在は拝殿奥でお休みしています

東京

小網神社

戦災を免れたことで、その強運を証明！

●こあみじんじゃ

日本橋の一角で550年以上の間、街を見守り続ける神社。周辺一帯に大きな被害をもたらした東京大空襲の戦災を免れたことなどから、強運厄除けの神様として崇められています。金運にご利益があるという銭洗の井や社殿の彫刻など見どころも豊富。

➡社殿は日本橋地区では唯一現存する戦前の神社建築で、中央区の有形文化財です

ココにも注目！

➡境内にある銭洗の井で金銭を清め、財布などに収めておくと財運を授かるといわれています

ココだけの御朱印帳！

⬇御朱印帳にもその姿が見られる、厄除けの龍がモチーフになっています。2000円

凛々しい龍が舞う！

独特のグラフィカルな筆致が特徴

右の字……奉拝
中央の字……小網神社
右の印……日本ばし
強運厄除
中央の印……上・小網神社参拝記念章
下・厄除けの龍

⬆授与所では合わせて弁財天と福禄寿の御朱印もいただけます

ご利益おもちかえり

御福銭 500円

⬆銭洗の井で清めた福銭。財布に入れておくと財運アップのご利益

みみずく守り 800円

⬆小網神社と縁の深いみみずくの形のお守り。強運厄除け祈願に

DATA 小網神社

倉稲魂神《うがのみたまのかみ》・市杵島比賣神《いちきしまひめのかみ》(弁財天)・福禄寿

文正元年(1466)

神明造

住 東京都中央区日本橋小網町16-23
交 都営浅草線ほか人形町駅から徒歩5分
料 無料

千葉

長福寿寺

幸せを運ぶゾウに金運アップを祈願

●ちょうふくじゅじ

延暦17年(798)に桓武《かんむ》天皇《てんのう》の勅願により創建され、後には徳川将軍家の庇護も受けた由緒正しい大古刹。室町時代に修行中の僧の前に舞い降りたという「幸せを呼ぶ吉象」の伝説でも知られ、現在でもさまざまなご利益を求めて多くの参拝者が訪れます。

➡比叡山「根本中堂」の材木を使って建てられたことから「根本中堂」の号を持つ重厚な本堂

ココにも注目！

⬅境内の吉象像は「吉ゾウくん」。その足を撫でると願いが叶うといわれています

力強い太さで書く縁起のよい2文字

右の字……奉拝／中央の字……福寿／中央の印……寺紋(菊)／左の印……南総長南三途台長福寿寺

ココだけの御朱印帳！

➡金の表紙に、福を呼ぶ像がモチーフの「吉ゾウくん」が描かれたありがたいデザイン。2400円

宝くじの専用袋！

宝くじ入れ 3000円

⬅購入した宝くじを入れて保管すると、当選のご利益があるそう

ご利益おもちかえり

金運爆上げカード 2400円

⬅かわいらしい吉ゾウくんがあしらわれたお守りで金運アップ！

DATA 長福寿寺

天台宗

大平埜山《たいへいやさん》

福寿阿弥陀如来

延暦17年(798年)

垂木寝殿造

住 千葉県長生郡長南町長南969
交 JR外房線茂原駅から小湊バス長南営業所行きほかで20分、愛宕町下車、徒歩3分
料 無料

+α メモ 長福寿寺は口コミで広がった金運のご利益が有名ですが、由緒正しい名刹。境内にはお釈迦様が悟ったときの菩提樹に縁がある「インド菩提樹」などもあり、心静かにおまいりできます。

③ 学業(知性)・仕事運を上げる神社

出世、成功、合格祈願。できる努力をした後は、学業、仕事にご利益がある神社におまいりして、心を静かに研ぎ澄ませるのみ。それぞれの神様がきっと見守ってくれるはず。

茨城

建国の功神《こうしん》が勝負事や仕事を見守る

鹿島神宮

●かしまじんぐう

創祀は日本建国の時代にまで遡る格式高い古社。境内を歩くとその荘厳な空気に圧倒されるでしょう。

日本建国に尽力された神様である武甕槌大神《たけみかづちのおおかみ》を祀る神社で、創祀は神武天皇《じんむてんのう》の時代。神話のなかにまでその名が見られる日本屈指の古社です。ご祭神が武道の神様でもあることから、歴代の幕府からも崇敬を受けました。徳川二代将軍・秀忠により奉納された社殿をはじめ、貴重な文化財も多数あり、約70haに及ぶ境内は、見どころたっぷり。

広大な境内をくまなく、無駄なくめぐる参拝ルート

大鳥居
←東日本大震災で倒壊しましたが、2014年に境内に自生する杉の木で再建されました

楼門
←初代水戸藩主・徳川頼房の奉納。熊本の阿蘇神社、福岡の筥崎宮(はこざきぐう)と並ぶ日本三大楼門のひとつ

本宮
↑手前から、拝殿、幣殿、石の間、本殿で構成された社殿。国の重要文化財に指定されています

奥参道
↑本宮から奥宮に続く300mほどの参道。県の天然記念物に指定されている、気持ちのよい常緑照葉樹林が続きます

奥宮
←慶長10年(1605)に徳川家康が本殿として奉納。こちらも国の重要文化財

格式を感じるしっかりとした筆使い

右の字…武甕槌大神 和魂／中央の字…鹿島神宮／右の印…鎮宅霊符／中央の印…鹿島神宮

文字に込められる荒ぶる神の力

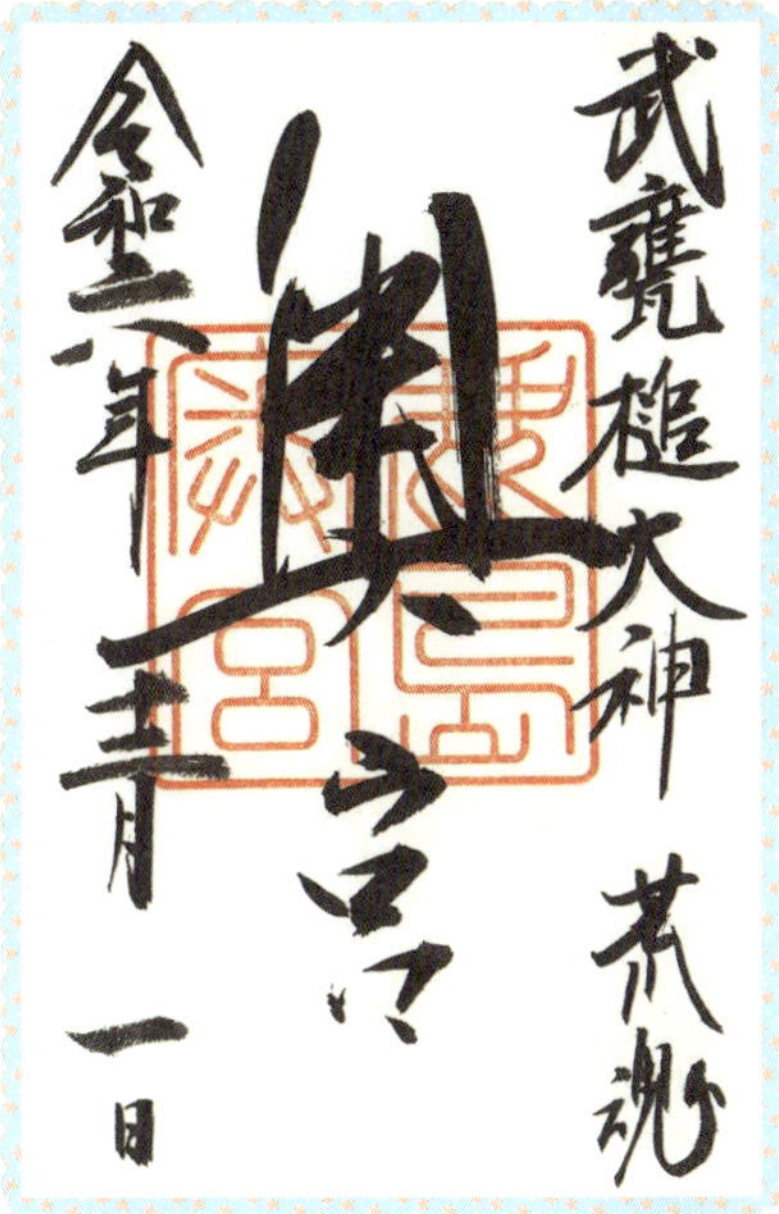

右の字…武甕槌大神 荒魂／中央の字…奥宮／中央の印…鹿島奥宮

通常の御朱印、奥宮の御朱印は、ともに授与所でいただけます

要石

地震を起こす大ナマズの頭を押さえつけていると伝わる霊石。地表に要石の一部が見えます

御手洗池

霊水を湛えるみそぎの池。誰が入っても水面が胸の高さにくると伝わっています

鯉が泳ぐ清冽な水

ひと足延ばして!!

西の一之鳥居

境内から車で5分ほど、北浦湖に立つ鳥居です。湖底からの高さは18.5mで、水上鳥居としては全国最大級。かつて水路での参拝が多かった時代にあった鳥居を再現しています。

ココだけの御朱印帳!

布地に色鮮やかな楼門が描かれたオリジナル御朱印帳。1500円

ご利益おもちかえり

鹿島立守 1000円

鹿がモチーフ。開運出世や物事のはじまりに縁起がよいといわれます

勝守 500円

武神である武甕槌大神が見守ります。勝負事や大事な仕事の際にぴったりです

DATA 鹿島神宮
武甕槌大神
神武天皇元年
三間社流造《さんげんしゃながれづくり》
住 茨城県鹿嶋市宮中2306-1
交 JR鹿島線鹿島神宮駅から徒歩10分
料 無料

+αメモ／古くから伝わる「鹿島の七不思議」。要石や御手洗池のほか、何度切っても枯れない松、豊作、凶作を占えたというフジの花など、不思議な伝説がいくつも伝わっています。

東京

努力の後は天神様に祈願！

湯島天満宮

●ゆしまてんまんぐう

学問の神様・菅原道真公をお祀りする、関東三天神のひとつ。受験シーズンに多くの受験生が列をなす光景でもおなじみです。

社

伝によると、創始は雄略天皇《ゆうりゃくてんのう》2年（458）。その後、南北朝時代に学問の神様・菅原道真公を合祀し、現在に至ります。さらに古くから多くの学者、文人が参拝し、また周辺には東京大学をはじめとした大学も多いことから、受験シーズンには合格祈願に訪れる受験生で賑わいます。梅の名所としても知られ、初春には華やかな色彩が境内を彩ります。

↑現在の社殿は1995年の造営。古来の建築文化を伝える荘厳な権現造です ←花の神社としても有名。春の「梅まつり」、秋の「菊まつり」には、毎年大勢の参拝客が訪れます

学問の神様らしい見事な筆さばき

右の字……奉拝
中央の字…湯島天満宮
中央の印…湯島天満宮印

撫でれば元気回復！

有形、無形の文化を守り、広める

↑手水舎の横には、体の悪いところを撫でて回復を祈願する「撫で牛」の姿 ↗「婦系図」の作者である泉鏡花の筆塚 ↖寛文7年（1667）の刻銘がある銅製の鳥居は、東京都の指定有形文化財

ココだけの御朱印帳！

梅柄がかわいい！

↑初春に境内を染める鮮やかな梅の花をあしらった雅なデザインが人気です。2000円

ご利益おもちかえり

学業錦守 各1000円

↑学問の神様・菅原道真公に合格を祈願するスタンダードなお守り

しあわせ守 1000円

↑幸福を祈願するお守り。写真は梅まつり限定色で、通常は金色

DATA 湯島天満宮

天之手力雄命《あめのたぢからをのみこと》・菅原道真公《すがわらみちざねこう》

雄略天皇2年（458）

権現造

住 東京都文京区湯島3-30-1
交 東京メトロ千代田線湯島駅から徒歩3分
料 無料

+α メモ さまざまな石碑がある湯島天満宮の境内。そのひとつに王貞治の碑があります。刻まれるのは王氏の座右の銘である「努力」の2文字。心にも刻みたい言葉です。

東京

下町の花の天神様

亀戸天神社

かめいどてんじんじゃ

菅原道真公の末裔が創建した神社。学業成就のご利益とフジの花が有名です。

菅原道真公の末裔である菅原《すがわらの》大鳥《おおとり》居信祐公《いしんゆうこう》による創始で、古くは本社である「太宰府天満宮」に対して、東の「亀戸宰府天満宮」と呼ばれていました。湯島天満宮、谷保天満宮とともに関東三天神のひとつでもあり、合格祈願に訪れる受験生が多数。また、初夏に境内一帯が薄紫に染まるほどのフジをはじめ、季節の花々が彩る神社としても親しまれています。

↑境内は社殿をはじめ楼門や池、橋なども太宰府天満宮を倣って造営されました

受験生の心を支える墨痕鮮やかな文字

右の字……奉拝
中央の字…亀戸天神社
右の印……上・東宰府
下・元准勅祭十社之内
中央の印…亀戸天神社

春の来訪がおすすめ

←境内に50株以上あるフジが咲く春はいっそう華やかな景観。毎年4〜5月には、「藤まつり」も開催されます

ココだけの御朱印帳!

→上品な色彩の地に、社のシンボルであるフジと鷽(うそ)があしらわれています。1200円

→5歳の菅公。5歳のとき、庭の紅梅を詠まれた歌が刻まれています
↘ふれることで病を治し、知恵を授かるといわれる神牛の像

ご利益おもちかえり

鷽守り 700円

↑幸福を招く鳥・鷽を象ったお守り。悪い事がウソになるご利益が

学業御守 1000円

↑天神様に学業成就を祈願。現在と未来を繋ぐ太鼓橋デザイン

DATA 亀戸天神社
天満大神《てんまんおおかみ》(菅原道真公《すがわらのみちざねこう》)・天菩日命《あめのほひのみこと》
寛文2年(1662)
入母屋造
住 東京都江東区亀戸3-6-1
交 JR総武線亀戸駅から徒歩15分
料 無料

+α メモ 鷽とは日本海沿岸に住む小鳥で、幸福を招くといわれています。亀戸天神社には、毎年1月24・25日に「うそ替え神事」という行事があることから、この鷽が授与品などにデザインされています。

東京

石段を上って出世を祈願

愛宕神社《あたごじんじゃ》

境内は都区内最高峰である愛宕山の頂上。石段は急ですが、登れば大きな達成感が得られます。

自然の地形としては東京23区で最も高い愛宕山頂上に鎮座する神社。慶長8年（1603）、徳川家康の命により防火の神様として祀られたことが起源です。境内へと続く壁のように急な石段は「出世の石段」と呼ばれ、これを休まずに登りきると出世の道が開かれるというご利益も。都心でありながら緑豊かな境内は、近隣で働く人の癒やしスポットでもあります。

↑都心の山の上に建つ神社。境内までの道には急峻な男坂と、なだらかな女坂があります

←出世の石段は傾斜約40度、86段。見上げるような石段ですが、隔年で神輿も上ります

防火・防災のご利益を表す伏火の文字

右の字……伏火之総本社
左の字……奉拝
右の印……芝 愛宕山
中央の印…愛宕神社

↑社殿前の日本古来の「丹」という顔料で塗られた鮮やかな門

穏やかな空気が満ちる都心のオアシス

↑手水舎の水口は龍がモチーフになっています。茶屋などの息抜きスポットも。石段で疲れたら休憩を

ココだけの御朱印帳！

重厚感たっぷり

↑迫力ある出世の石段のデザインが印象的な御朱印帳は、おさんぽの思い出にも最適です

ご利益おもちかえり

学業成就守

↑出世運で有名な神社だけに、その根本の学業成就にもご利益あり

太郎坊社御守

↑人生に迷ったときに道を示してくれる道案内の神様のお守り

DATA 愛宕神社
火産霊命《ほむすびのみこと》・罔象女命《みずはのめのみこと》・大山祇命《おおやまづみのみこと》・日本武尊《やまとたけるのみこと》
慶長8年（1603）
住 東京都港区愛宕1-5-3
交 東京メトロ日比谷線神谷町駅から徒歩5分
料 無料

+α メモ 出世の石段のご利益は、曲垣平九郎（まがきへいくろう）という人物が江戸三代将軍・家光の前で石段を馬で駆け上がり、その名を全国に知らしめたという話に由来しています。

神奈川

出世開運を助けるお稲荷様！

佐助稲荷神社

さすけいなりじんじゃ

祀られているのは頼朝の夢枕に立ち、挙兵を勧めた稲荷神。起業や独立のタイミングに参拝するのもよいでしょう。

稲荷神のお告げにしたがい平家を滅ぼした源頼朝が、そのお礼に創建したという神社。頼朝は幼少の頃に「佐殿」と呼ばれており、彼を助けた神様ということで佐助稲荷の名がついたといわれています。流刑の身から征夷大将軍まで上り詰める大出世を助けたこともあり、その仕事運アップの力は絶大。商売繁盛のほかに学業成就や病気平穏のご利益もあるそうです。

↑農業や商業の神様である宇迦御魂命のほか多くの神々を祀る本殿。多数の陶器製の狐が奉納されています

燃えるような御宝印に力を感じる

右の字……上・奉拝
下・かまくら
かくれ里
中央の字…佐助稲荷神社
右の印……狐
中央の印…神璽の御宝印
左の印……鎌倉
佐助稲荷神社印

アニメの世界に迷いこんだよう

←苔むした稲荷像などが並ぶ神聖な雰囲気の境内。収穫時期に現れる狐は、稲荷神の使いとして神格化されてきました

➔朱色の鳥居が幾重にも続く参道。願いが叶ったお礼に鳥居を奉納する習慣が神聖な空間を生み出しました

ココだけの御朱印帳！

➔鳥居が立ち並ぶ参道に居るのは赤い前掛けをつけた2匹の小狐。なんとも愛らしい様子です。2500円

ご利益おもちかえり

学業合格守 500円

↑黄金の弓と矢が的を射抜くように、合格に導いてくれるでしょう

霊狐の根付(水晶) 1000円

↑出世運上昇。潜在能力を高めるとされる水晶を狐が抱いています

狐根付 300円

↑愛らしい狐の根付。開運厄除けのご利益があります

DATA 佐助稲荷神社

宇迦御魂命《うかのみたまのみこと》・大己貴命《おおなむちのみこと》・佐田彦命《さるたひこのみこと》・大宮女命《おおみやひめのみこと》・事代主命《ことしろぬしのみこと》

建久年間(1190～1199)

切妻造

住 神奈川県鎌倉市佐助2-22-12
交 JR横須賀線鎌倉駅から徒歩25分
料 無料

+α メモ 御朱印は書き置きのものが基本。御朱印帳に授与していただく場合は神社で参拝をすませて朱印のみ押してもらいに市内にある御霊神社へ向かいましょう。そこで宮司さんに墨書きをいただいてください。

4 美容・健康に効く寺社

末永く健康で、美しくありたいと思うのは、世代性別を問わない共通の願い。さまざまな伝説や逸話とともに美と健康を守り続けてきた寺社に、願いを託してみましょう。

東京

寅さん縁の寺で健康祈願

柴又帝釈天題経寺
しばまたたいしゃくてんだいきょうじ

武勇神である帝釈天の力強いご利益は、健康から開運までいろいろ。寅さん縁の寺としてもおなじみで、都内有数の観光名所でもあります。

正式名称は「経栄《きょうえい》山《ざん》題《だい》経《きょう》寺《じ》」。インド経典で護法の善神として知られる帝釈天や境内の浄行《じょうぎょう》菩《ぼ》薩《さつ》の姿から、健康や病気快癒のご利益で知られています。帝釈堂をはじめとした境内各所に数多くの木彫が施されていることから、彫刻の寺としても有名。見どころの多い境内に加え、みやげ物屋や飲食店が連なり賑わう参道も魅力です。年の瀬や庚申の日の縁日は、さらなる活気に包まれます。

↓拝殿と内殿からなる帝釈堂にはご本尊を安置。内殿には精緻な装飾彫刻が施されています

画像提供：帝釈天題経寺

→明治29年(1896)建立の二天門。こちらも柱の上に浮き彫りの彫刻があります

法華経の説話を描いた彫刻

↑←↙彫刻ギャラリーとして公開されている10面の銅羽目板の浮き彫り。大正末期から昭和初期にかけ、名だたる彫刻師たちが一面ずつ制作したもので、それぞれ法華経の説話を表しています

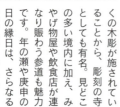

↑大客殿(だいきゃくでん)前に広がる池泉式庭園「邃渓園(すいけいえん)」。周りを囲うようにのびる廻廊から見学可能

→浄行菩薩は水をかけて体の悪いところを撫でるとよくなるというご利益

やわらかな文字と粋な印の調和が魅力

右の字……上・奉拝　下・柴又
中央の字……帝釈天王
左の字……題経寺
右上の印……善見城
中央の印……帝釈天王・東京・柴又　題経寺
左の印……題経寺印

ご利益おもちかえり

寅さん守 1000円

←おなじみ寅さんのトレードマークで、厄除け、開運全般のご利益が

一粒符 300円

←めずらしい飲むお守り。体調がすぐれないときや、大切な仕事の前に

DATA 柴又帝釈天　題経寺

日蓮宗　経栄山
大曼荼羅　寛永6年(1629)
入母屋造
住 東京都葛飾区柴又7-10-3
交 京成線柴又駅から徒歩3分
料 無料(彫刻ギャラリー・庭園は共通拝観券400円)

こちらもCHECK
◆柴又帝釈天までの道

柴又駅から楼門までの参道は、観光客でいつも賑やか。映画「男はつらいよ」の縁の場所や川魚料理、草団子などの名物もあり、さんぽコースにもうってつけです。

→駅前広場には柴又のシンボル・寅さんの像。後ろにはさくらの像もあります

↑つぶ餡たっぷりの草団子は、柴又の名物。参道では数々の店が味を競います

←食事処から喫茶、おみやげまで50軒以上の店が連なる参道はいつも観光客でいっぱい

+α メモ　縁日も開かれる庚申日には帝釈天板本尊が開帳されます。帝釈堂に入り、ご本尊の前でおまいりできるチャンスです。庚申の日については、カレンダーで確認を。

茨城

兄弟社と合わせておまいりを

酒列磯前神社

さかつらいそさきじんじゃ

平安時代、大己貴《おおなむちの》命《みこと》とともに顕現したと伝わる少彦名命《すくなひこなのみこと》を祀る神社。大己貴命は兄弟社である大洗磯前神社（→P71）に祀られていることから、2社で一対となる神社でもあります。主祭神である少彦名命が医療の神様であるため、健康長寿のご利益も。

兄弟社とともに、合わせていただきたい

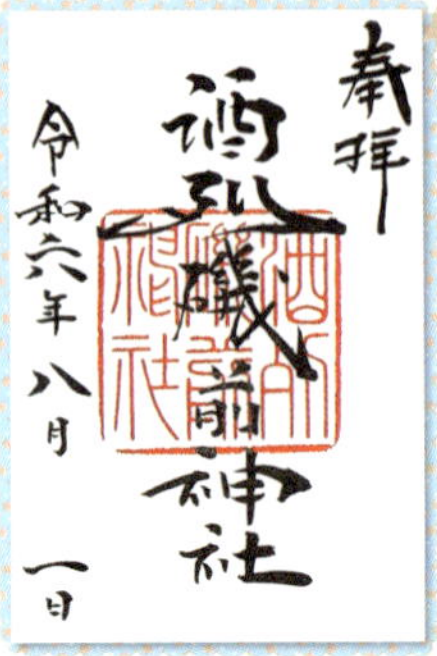

右の字…奉拝／中央の字…酒列磯前神社／中央の印…酒列磯前神社

➲元禄時代造営の社殿。拝殿にある彫刻は日光東照宮の眠り猫で知られる左甚五郎の作。必見です

ココにも注目！

➲ヤブツバキの境内林を抜けると広々とした空間に。鳥居の先には太平洋も望めます

ご利益おもちかえり

金運守 1000円

➲招き猫と打ち出の小槌、小判のデザインで金運アップ間違いなし

病気平癒守 1000円

➲淡いピンクとブルーの色合いに神様の優しいパワーを感じます

DATA 酒列磯前神社

少彦名命

斉衡3年(856)

流造

住 茨城県ひたちなか市磯崎町4607-2

交 ひたちなか海浜鉄道磯崎駅から徒歩10分

料 無料

栃木

美・健康・長寿を叶える女性の味方

厳島神社 美人弁天

いつくしまじんじゃびじんべんてん

その昔、病弱な女性を幸福に導いたという伝説が残る弁天様は「美人弁天」と呼ばれ、全国に知られています。お参りすれば心身の健康と美を護り、内面の美しさを讃え、日本で唯一の「美人証明」を授けてくれます。赤い六角堂の開扉日は毎月第一・三日曜日です。

内面の美をもたらし、女子力アップ！

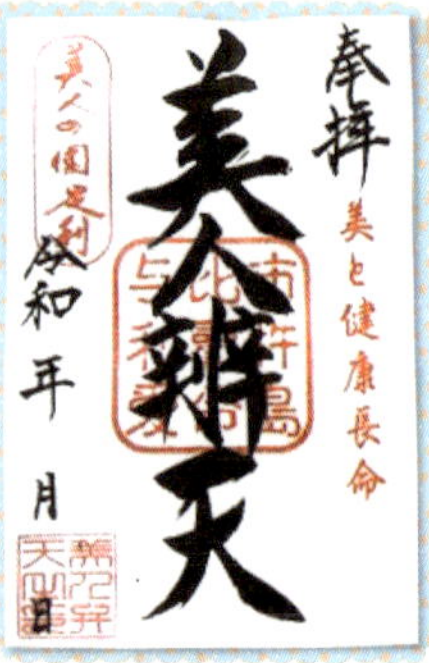

右の字…奉拝／中央の字…美人弁天／右の印…美と健康長命／中央の印…市杵島比賣命与利愛／左の印…上・美人の国足利 下・美人弁天之印

➲御朱印の授与は毎月第1・3日曜の10～16時だけなので注意を！

➲六角堂に安置された弁天の分身「さゆり姫」を抱いて撮影すればご利益アップ!? 撫でてご利益を得る「なで弁天」もあります

ココにも注目！

➲境内には本殿のほかに末社の明石天満宮もあります

ご利益おもちかえり

美人証明 100～500円

➲日本で唯一の美人証明。内面の美しさももたらしてくれます

願いを叶える8つの護符 100円(1枚)

➲人間が本来持つ願望を叶える力を引き出してくれる強力なお札

DATA 厳島神社　美人弁天

市杵島姫命《いちきしまひめのみこと》

寛政5年(1793)

住 栃木県足利市本城2-1860

交 JR両毛線足利駅、または東武伊勢崎線足利市駅から車で5分

料 無料

+α メモ／ 厳島神社 美人弁天の開扉日は毎月第1・3日曜日ですが、神社近くにある「カー&サイクルタナカ」では、火曜日以外に「美人証明」と御朱印をいただくことができます。

埼玉

あらゆる病魔を封じてくれる!

行田八幡神社

ぎょうだはちまんじんじゃ

諸病封じを祈願する秘法のご祈祷を行っていることから、病気の平癒、または予防を願う人の参拝が後を絶ちません。境内にある「なで桃」は、中国で不老長寿の果実とされる桃をかたどったパワースポット。なで桃ハンカチで撫でれば、ご利益をいただけます。

↑境内はそれほど広くありませんが、縁結びにご利益のある大国主大神や、眼病治療に霊験あらたかな目の神社など末社がたくさんあります

ココにも注目!

→なで桃は意富加牟豆美命(おおかむづみのみこと)を祀っています

病気になる前に! 予防にもご利益あり!

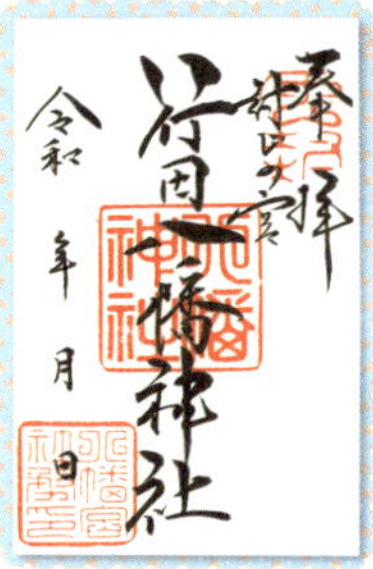

↑末社の大国主神社と目の神社の御朱印も用意されています

右の字…右・奉拝 左・封じの宮/中央の字…行田八幡神社/右の印…虫封/中央の印…八幡神社/左の印…八幡宮社務印

ココだけの御朱印帳!

↓鮮やかな金色の表紙に本殿をデザインした、絢爛豪華な御朱印帳です。2000円

キラキラゴールド

ご利益おもちかえり

みむね守 800円

↑乳がん治癒にご利益。初穂料の一部はピンクリボン基金に寄付

なで桃ハンカチ 500円

↑これで「なで桃」を撫でて持ち歩けば、延命長寿、病魔退散!

DATA 行田八幡神社

誉田別尊《ほむだわけのみこと》・気長足姫尊《おきながたらしひめのみこと》・比売大神《ひめのおおかみ》・大物主神《おおものぬしのかみ》・神素盞鳴尊《かむすさのおのみこと》

文治5年(1189)頃

権現造

住 埼玉県行田市行田16-23

交 秩父鉄道行田市駅から徒歩7分

料 無料

神奈川

鶴の名を冠する千年の社!

鶴嶺八幡宮

つるみねはちまんぐう

関西を本拠地としていた源氏が関東初進出の際に氏神を祀ったのが起源。その後も八幡信仰の本地として崇敬を集めてきました。八幡神である応《おう》神天皇《じんてんのう》以外に末社には女性の守護神として名高い湘南淡嶋神社があり、社前にはガン封じの祈願石もあります。

↑鳳凰や獅子などの彫刻が印象的な拝殿。樹齢約1000年という大イチョウが影を落とします

ココにも注目!

→座敷わらしが目撃されているという本殿脇の階段。お菓子を奉納する参拝者が後を絶ちません

龍神が幸せを運んでくれる

→書き置きでの頒布

右の字…奉拝/中央の字…鶴嶺八幡宮/右の印…相州茅ヶ崎鎮座/中央の印…鶴嶺八幡宮

ココだけの御朱印帳!

→朱色の社殿に並び立つ金と黄色の大イチョウが印象的。裏は烏帽子岩、神輿、えぼし麻呂と龍体文字が描かれています。1500円

美しい色合い

ご利益おもちかえり

健康御守 500円

↑御神木の大銀杏をあしらった健康長寿にご利益のあるお守り

美《うつくし》御守 500円

↑女性の守護神のご加護あり。内面と外面の美しさを守ります

DATA 鶴嶺八幡宮

応神天皇《おうじんてんのう》・仁徳天皇《にんとくてんのう》・佐塚大神《さつかのおおかみ》

長元3年(1030) 流造

住 神奈川県茅ヶ崎市浜之郷462

交 JR東海道本線茅ヶ崎駅から神奈川中央交通バス寒川駅南口行きなどで10分、鶴嶺小学校前下車、徒歩3分

料 無料

+α メモ/鶴嶺八幡宮のガン封じの祈願石は難病全般を癒すといわれています。体の悪い部分と石を交互にさすり「祓えたまへ清めたまへ」と3回念じます。茅ヶ崎市円蔵の神明大神にある兄弟石と合わせて祈ると効果が増すそうです。

5 総合運などを上げる神社

願い事や心配事が多すぎて、ひとつには絞れない…。そんなときに最適なのが総合的な運気をアップしてくれる寺社。多彩なご利益を贅沢に授かりましょう！

神奈川

すべての災いを退ける守護神を祀る

寒川神社《さむかわじんじゃ》

関東一円を守護する相模國一之宮。八方塞がりにならないよう身も心も清めることができます。

⬆平成に入り造られた重層構造の神門。新年から節分までは迎春ねぶたが飾られます

歴 史書には1600年以上前の記録も残る寒川神社。この地から見ると、春分と秋分には富士山、夏至には丹沢の大山の方角に日が沈むため、地相、家相、方位、日柄などに関わるすべての災難を祓い除く八方除の守護神として信仰を集めてきました。源頼朝をはじめ、武田信玄や徳川家の歴代将軍など歴史上の人物からも尊ばれています。

ココだけの御朱印帳

きらめく星がロマンチック！

⬆表面には渾天儀が、裏面には方位盤が描かれています。売店で入手可。1500円

四方八方の災いを取り除く八方除の印

右の字…八方除／中央の字…寒川神社／右の印…神紋(左三つ巴)／中央の印…上・相模國一之宮寒川神社 下・ハマゴウ

DATA 寒川神社
寒川比古命《さむかわひこのみこと》・寒川比女命《さむかわひめのみこと》
1600年以上前　流造
住 神奈川県高座郡寒川町宮山3916
交 JR相模線宮山駅から徒歩5分 料 無料

さらなるご利益を求めて……聖地で英気を養う

⬇境内の神嶽山神苑は、神社の起源とされる難波の小池を中心とした池泉回遊式庭園。御祈祷を受けた方のみ入苑可能です

方位学を知る！

⬅本殿の右側にある渾天儀と方位盤

ご利益おもちかえり

大祓守 1000円
⬆日常の穢れを祓い清めて災難を退けてくれるお守り

八方除守 500円
⬆総合運アップの肌守り。財布に入れてもかさばりません

⬅総檜造りの社殿。両翼から廻廊が延び社殿前を取り囲み、神々しい空間を生み出しています

+α メモ／あわただしい現代社会では方位の吉凶に気を使って生活するのは難しいもの。だからこそ悪い気を和らげる八方除が重要です。寒川神社でいただくよい気を日々の心の支えにしてはいかがでしょうか。

東京

名前にあやかり、目指せイーグル！

鷲神社

おおとりじんじゃ

大勢の参拝者が訪れて熊手を求める恒例の酉《とり》の市が有名ですが、その名前からゴルフ上達という隠れたご利益もあるそうです。

創始年代は不明ですが、天日鷲命《あめのひわしのみこと》、日本武尊《やまとたけるのみこと》をお祀りする由緒正しい神社。現在は下町の「おとりさま」として、広く親しまれています。熊手に招福を祈願する酉の市はこちらの発祥といわれ、年末は商売繁昌を祈願する人で大賑わいです。また、鷲が英語で「イーグル」であることにちなんで、近年はゴルフの上達のご利益を求める人も多いといいます。

➡近年大規模に整備された境内。広い参道は酉の市に訪れる多数の参拝者のためだそう

おかめが押される、おめでたい御朱印

右の字……浅草田甫
中央の字…鷲神社
右の印……なでおかめ
中央の印…中・鷲神社
下・鷲

福々しいお顔にふれて願いを

⬅撫でると願いが叶うなでおかめ。顔の各所で異なるご利益があるそうです

ココだけの御朱印帳！

➡光沢のある布地に空を舞う鷲の姿が印象的です。縁起のよいデザインで人気。1500円

幸福の鷲に願いを込めて

➡境内の入口に立つ朱塗りの大鳥居。その先には天保10年（1839）築の小鳥居があります
➡国際通りに面した境内。秋口になると酉の市の準備がはじまります

ご利益おもちかえり

ゴルフ守り 2000円

⬆名前にちなんでイーグル祈願。お守りとマーカーのセット

仕事成就守 1000円

⬆福運かきこみ、商売繁昌、開運出世や就職成就の御利益もあります

DATA 鷲神社
天日鷲命・日本武尊
不詳
権現造
住 東京都台東区千束3-18-7
交 東京メトロ日比谷線入谷駅から徒歩10分
料 無料

+α メモ なでおかめのご利益は、場所によりさまざま。おでこをなでれば賢くなり、目をなでれば先見の明が効き、鼻をなでれば金運がつく、といった具合です。

東京

境内の各所に龍神様を発見
田無神社《たなしじんじゃ》

祭神の龍神様は、命の源である水、そして豊穣と除災の守護神。地元住民にも愛され、境内は賑やかな活気に包まれています。

古くは鎌倉時代に谷戸《やと》という地域で龍神様を祀って創建し、「尉殿大権現《じょうどのだいごんげん》」と呼ばれていましたが、江戸時代初期に田無に遷座。明治5年（1872）に熊野神社、八幡神社を合祀し、田無神社と社名が改められました。現在でも境内の至るところに龍神様の姿を見つけることができます。

見つけよう！境内には多数の龍

➊本殿には祭神であり大地・豊穣を司る金龍神、手水舎の後ろには西方と金属の神様・白龍神、鳥居の横には南方と火の守護神で勝負事や昇進にご利益のある赤龍神など、境内には至るところに龍の姿が。お守りや絵馬にも、龍をモチーフにしたものがあります

ココだけの御朱印帳！

➊袴をモチーフにしたユニークデザイン。同柄の御朱印帳袋もあります。1600円

風情ただよう流麗な文字に、ユニークな印

右の字……上・奉拝
中央の字…田無神社
中央の印…上・龍　下・田無神社

ご利益おもちかえり

お守りも龍のご加護が

五龍神守 各700円

➊色とりどり、それぞれ別のご利益がある5柱の龍神様のお守りです

ゴルフ守 700円

➊赤龍のご利益で勝負運アップ。木製のマーカーがついています

DATA 田無神社

大国主命《おおくにぬしのみこと》・尉殿大権現《じょうどのだいごんげん》・須佐之男命《すさのおのみこと》・猿田彦命《さるたひこのみこと》・八街比古命《やちまたひこのみこと》・八街比売命《やちまたひめのみこと》・日本武尊《やまとたけるのみこと》・大鳥大神《おおとりのおおかみ》・応神天皇《おうじんてんのう》

鎌倉時代　入母屋造

住 東京都西東京市田無町3-7-4　交 西武新宿線田無駅から徒歩６分　料 無料

+α メモ／境内の一角には立派な土俵があります。これは昭和の大横綱であった故大鵬幸喜親方が五穀豊穣祭を記念して開いたもの。毎年、子どもたちの健康を願って「わんぱく相撲西東京場所」も開かれます。

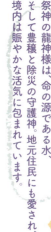

東京

家康を勝利に導いた〝勝ち神社〟

神田神社

●かんだじんじゃ

神田、日本橋、大手町丸の内、秋葉原など108の町の総氏神として東京を守る神社。かつて徳川家康も参拝し無事勝利を挙げたと伝わり、現在でも日々戦う企業戦士の信仰を集めています。秋葉原に隣接することから、近年はIT情報守護の祈願も増加。

➊社殿は昭和9年(1934)に竣工。ほかにも随神門や文化交流館など重厚な建築物が

ココにも注目！

➋だいこく様尊像は高さ6.6m、重さ約30t。石造りとしては日本最大のだいこく様です

オリジナルのクリアファイルが付いた御朱印

右の字……奉拝
中央の字…神田神社
右の印……上:元准勅祭十社之内
下:辰
中央の印…神田神社

美しい光景

ココだけの御朱印帳！

➋ご祭神・だいこく様のお使い因幡の白兎のデザイン。大空に鳳凰が舞うデザインもあります。2500円

ご利益おもちかえり

IT情報安全守護 1000円

➊IT社会の危険から守るお守り。個人情報漏えいの防護で話題に

勝守 500円

➊勝負運のお守り。ビジネスマンや受験生に人気です

DATA 神田神社

大己貴命《おおなむちのみこと》・少彦名命《すくなひこなのみこと》・平将門命《たいらのまさかどのみこと》

天平2年(730)　権現造

住 東京都千代田区外神田2-16-2

交 JR総武線ほか御茶ノ水駅から徒歩5分

料 無料

+α メモ　神田明神下の長屋に住み、お金を武器に悪者と戦うヒーロー・銭形平次。もちろんお話はフィクションですが、境内には平次親分を讃えた石碑が置かれています。

東京

神猿様のご利益で魔がサル!?

日枝神社

●ひえじんじゃ

国会議事堂や首相官邸にほど近い、千代田区永田町に鎮座。そのため政財界にも崇敬者が多く、出世運アップの神社として全国的にも有名です。主祭神・大山咋神《おおやまくいのかみ》のお使いが猿であることから、神猿像が神門や境内各所に安置されているので見つけてみて。

➋社殿前に回廊がめぐらされる荘厳な造り。徳川将軍家の崇敬も受けた神社の威厳を感じさせます

ココにも注目！

➋本殿前には狛犬ではなく神猿。子を抱く姿から子宝や安産のご利益があるといわれます

緑色の双葉葵の印がアクセント！

右の字…皇城之鎮／中央の字…日枝神社／上下の印…双葉葵／中央の印…日枝神社

ココだけの御朱印帳！

➋日枝神社の象徴である猿のキャラクターが描かれたポップな柄。布地にも猿の姿が。1500円

キュートな授与品がいっぱい

ご利益おもちかえり

子授守 1000円

➋子持ちの母神猿に子宝を願うお守り。かわいいデザインで人気

ビジネス守 1000円

➋氏子の地域がオフィス街のため、社運隆昌、商売隆昌の祈願が多いです

DATA 日枝神社

大山咋神《おおやまくいのかみ》・国常立神《くにのとこたちのかみ》・伊弉冉神《いざなみのかみ》・足仲彦尊《たらしなかつひこのみこと》

不詳　入母屋造

住 東京都千代田区永田町2-10-5

交 東京メトロ千代田線赤坂駅から徒歩3分

料 無料

+α メモ　6月に行われる山王祭は、京都の祇園祭・大阪の天神祭とともに、日本三大祭に数えられる盛大なお祭り。隔年で開催される神幸祭では、東京都心を300mの祭礼行列が練り歩きます。

これほしい!

ユニーク

授与品コレクション

神社仏閣で発見した、
ちょっと気になる授与品をご紹介。
御朱印と合わせていただけば、
ご利益倍増間違いなし!?

つくえ守り…1000円

小野照崎神社→P59

机の上で神様と共に日常を過ごす「小さな社」。中に小さなお札が入っており、開くことで心を通わせるお守りです

パンダの御守…800円

上野東照宮→P39

上野動物園に近い場所にあるため、パンダがモチーフのお守りが人気。紐の結び目で耳をデザインしているのがキュート!

安産お守り…800円

大原神社→P82

1枚の古布調の生地から奉製しており1体1体表情が違います。お好みの柄を選んでみてください

ゴルフ守…2000円

鷲神社→P101

技術向上・飛距離アップで目指せイーグル。御守とマーカーのセット。マーカの色は6色あります

犬お守り…800円

江北氷川神社→P55

足立区西部一帯の総鎮守である江北氷川神社は、とにかく授与品が豊富。ペットの健康を願うなら、こちらをどうぞ

大祓守…1000円

寒川神社→P100

心身の穢れを祓い清める大祓で用いる茅の輪と人形をデザイン。お祀りをすれば災難を退けてくれるでしょう

美《うつくし》御守…500円

鶴嶺八幡宮→P99

女性の守護神のご加護あり。内面と外面の美しさを守ります

えんむすび絵馬…800円

居木神社→P46

「縁結」の文字を抜いて納めると良縁に恵まれるのだとか。可愛いデザインとユニークなアイデアで人気

寅さん守…1000円

柴又帝釈天 題経寺→P96

寅さんが劇中で、肌身離さず持っているお守りを再現。厄除けと開運全般のご利益があるそうです

クリア守…1000円

長谷寺→P114

目標や困難なことを「クリア」する助けとなるように願うお守り。透け感のあるレースに包まれ、和み地蔵とお花の模様が刺繍されています

航空安全守…600円

羽田神社→P54

航空業界の人も多く参拝に訪れる羽田神社らしい、空の安全を祈願したお守り。旅行前にいかが?

仕事成就守…1000円

鷲神社→P101

財布等に入れて肌身離さずに持ち歩けるお守り。福運かきこみ、商売繁昌、開運出世や就職成就の御利益あり。白・黄・黒の3種類があります

第5章

運気アップ！

ぐるっと御朱印めぐり旅

御朱印集めは旅のテーマにもぴったり。人気観光地で寺社をめぐり、グルメや温泉も組み合わせれば、より思い出深い旅行になるでしょう。

鎌倉 御朱印 さんぽ 早わかり

神社仏閣が数多くある鎌倉は、御朱印ファンのパラダイス！御朱印と一緒に、観光やグルメ、買い物も存分に満喫できます。四季折々に、いろいろなテーマで、御朱印さんぽを楽しんで。

POINT…1 御朱印めぐりのテーマがいっぱい

御朱印集めは漫然と行うより、テーマを持って集めるとより楽しくなります。「福を招く神様が祀られている神社をめぐる」「古くから格式の高い寺をめぐる」といった目的を定めると、訪れる神社仏閣の幅が広がります。鎌倉には、そんなテーマが多いのです。例えば下の3つを訪れてみては？

❶鎌倉・江ノ島七福神

浄智寺の布袋尊、鶴岡八幡宮の弁財天、宝戒寺の毘沙門天、妙隆寺の寿老人、本覚寺の夷尊神、長谷寺の大黒天、御霊神社の福禄寿、江島神社の弁財天。弁財天だけ2カ所におられるので8寺社をめぐれば満願成就します。

↑江島神社の妙音弁財天は日本三大弁財天のひとつ

↖長谷寺のさわり大黒天

❷鎌倉三十三観音霊場

観音様は33種類に姿を変えて人々を救うという観音信仰に基づくのが三十三観音霊場。鎌倉の場合、一番札所の杉本寺から三十三番札所の仏日庵まで、すべて鎌倉市中心部にあるので、がんばれば1日でまわれます。

→長谷寺の十一面観音は木造の仏像としては日本最大級

❸鎌倉五山

禅宗の寺格を表すもので、現在の五山の順位が決まったのは室町時代。第1位が建長寺、第2位が円覚寺、そして、寿福寺、浄智寺、浄妙寺と続きます。ちなみに、五山の上には別格として京都の南禅寺が定められています。

→建長寺は臨済宗建長寺派の大本山

→浄妙寺の庭園は見事

POINT…2 アクセスはJRか小田急、エリア内移動は江ノ電が便利

鎌倉駅は、新宿駅からJR湘南新宿ラインで1時間ほど。鎌倉駅周辺を徒歩かレンタサイクルでめぐったら、江の

お得きっぷを活用しよう！

江ノ電全線が1日乗り降り自由で周辺の観光施設や店舗で割引等の特典もある「のりおりくん」650円や、藤沢～片瀬江ノ島間の小田急線と江ノ電全線が1日乗り降り自由の「江ノ島・鎌倉フリーパス」などがおすすめ。

レトロでキュート

↑メディアによく登場する江ノ電の踏切

すごく大きい～

←高徳院の大仏は鎌倉のシンボル

写真提供：鎌倉市観光協会
※写真はすべてイメージです。

島方面へは江ノ電を利用するのが一般的です。新宿から小田急線で藤沢駅にアクセスし、そこで江ノ電に乗り換えて逆回りに観光してもOK。

↓江の島を遠望して海沿いを走る江ノ電。眺望がすばらしい区間も

POINT…3 四季それぞれに咲く花を愛でるのも楽しみ

鎌倉の町からは、1年を通じて花が絶えません。全国からそれを目当てに多くの人が訪れる桜やアジサイ、紅葉だけにとどまらず、カイドウ、ツツジ、バラ、たとえ冬でも梅、ボタン、ロウバイなどが各寺社の境内に咲き、参拝者を楽しませてくれます。

風がきもちいい〜

↑明月院は、鎌倉屈指の人気を誇るアジサイ寺。石段の両側に在来種のヒメアジサイが約2500株も咲き誇ります
↙鎌倉文学館には、約200種250株のバラを植えたバラ園があります

花カレンダー

1月下旬〜2月中旬	鶴岡八幡宮、長谷寺、建長寺など	ボタン
3月中旬〜3月下旬	東慶寺、荏柄天神社、浄智寺など	梅
3月下旬〜4月上旬	建長寺、高徳院、段葛など	桜
4月上旬〜中旬	妙本寺、光則寺、安国論寺など	カイドウ
5月中旬〜6月下旬、10月中旬〜11月下旬	鎌倉文学館 ※改装工事中につき、2027年3月まで閉館	バラ
6月上旬〜7月上旬	明月院、長谷寺、浄光明寺など	アジサイ
7月下旬〜9月中旬	本覚寺、宝戒寺、極楽寺など	サルスベリ
11月中旬〜12月上旬	円覚寺、瑞泉寺、長谷寺など	紅葉

POINT…4 ランチの選択肢がとにかく多彩

全国屈指の人気観光地だけあって、鎌倉の飲食店のレベルが高く、ランチが楽しみです。鎌倉野菜というブランド野菜もあれば、目の前の相模湾で水揚げされる新鮮な魚介類もあります。また、カレー激戦区としても知られています。

➔手軽なカレーは鎌倉ランチの定番

↑生しらすは量に限りありのレア物

↑鎌倉野菜ランチはヘルシーで美味

おなかすいたにゃ〜

POINT…5 ブレイクにぴったり！ シービューカフェ

材木座、長谷、由比ヶ浜、七里ヶ浜、江の島エリアを中心に、鎌倉には海を眺めながらお茶できるカフェが点在しています。潮風を感じながらパンケーキやコーヒーを楽しむ。これぞ湘南ライフ！という憧れの時間を過ごせます。

➔ハワイアンテイストの店も多く、メニューだけでなくインテリアもおしゃれです

↓江の島は眺めのいいシービューカフェの宝庫！

神奈川

緑豊かな古きよき街をのんびりと旅する 鎌倉～北鎌倉で寺社めぐり

自然豊かで季節の移ろいを楽しめる北鎌倉と観光地として多くの人でにぎわう鎌倉。2つのエリアを満喫できるルートをご紹介します。

1 円覚寺《えんがくじ》

伝え広める前の教え 根底にあるのは 死者を弔う御仏の心

開基は鎌倉幕府第八代執権の北条時宗。モンゴル帝国侵攻による死者を敵味方分け隔てなく追悼するのが開山の目的でした。時宗の精神的な支えとなった禅道を広める役割も担い、現在でも禅僧の修行道場として歴史を紡いでいます。

文豪も愛した景観

↑→鎌倉三名楼の一つであり、国宝でもある洪鐘や、江戸時代後期に再建された巨大な山門、風光明媚な方丈庭園など、広大な境内に見どころが目白押し。夏目漱石や島崎藤村が参拝するなど、文学にまつわる逸話もたくさん残されています

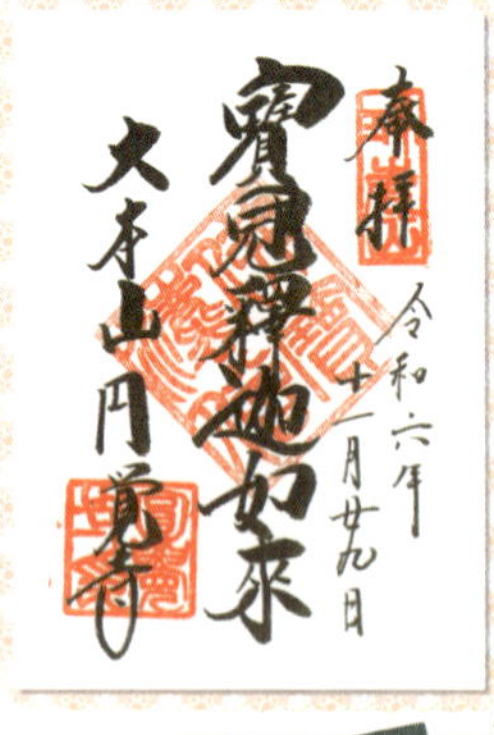

右の字…奉拝／中央の字…宝冠釈迦如来／左の字…大本山 円覚寺／右の印…瑞鹿山／中央の印…法僧宝(三宝印)／左の印…円覚寺印

↑ご本尊の宝冠釈迦如来を安置する仏殿。天井の白龍図も見事です

ご利益おもちかえり

心むすぶ守り 500円

↑恋ふみに用いられた折り方がモチーフ。良縁を結び留めましょう

ペット愛護守 500円

↑首輪に通すことができるペット用のお守り。連絡先も記入できます

ココだけの御朱印帳！

↑質素ながらインパクトもあるデザイン。佛心という慈悲の教えが身に沁みます。1200円

DATA 円覚寺

- 臨済宗　瑞鹿山《すいろくさん》
- 宝冠釈迦如来像《ほうかんしゃかにょらいぞう》
- 弘安5年(1282)
- 入母屋造(仏殿)

住 神奈川県鎌倉市山ノ内409
交 JR横須賀線北鎌倉駅から徒歩2分
料 500円

現代の映画やドラマでも取り上げられることが多く、今日の私たちも虜にする鎌倉時代。時代の中心地として栄えたこのエリアは、今もなお当時の歴史を感じる寺社が残されています。木々や植物があふれる街を歩き、寺社に参拝すれば、心も体もリフレッシュすること間違いなし。鎌倉駅周辺にある小町通りでグルメを楽しみながら、巡るのもおすすめです。

2 浄智寺

じょうちじ

開 倉幕府の第五代執権・北条時頼《ときより》の三男である宗政の菩提を弔うために創建。もっとも格式の高い鎌倉五山の一角とされ、地域でも最大規模の寺院に発展しました。鎌倉石による参道など古刹らしい風情で満ちています。

時の執権が祈りを捧げた鎌倉五山の一角でもある三世仏を祀る大寺院

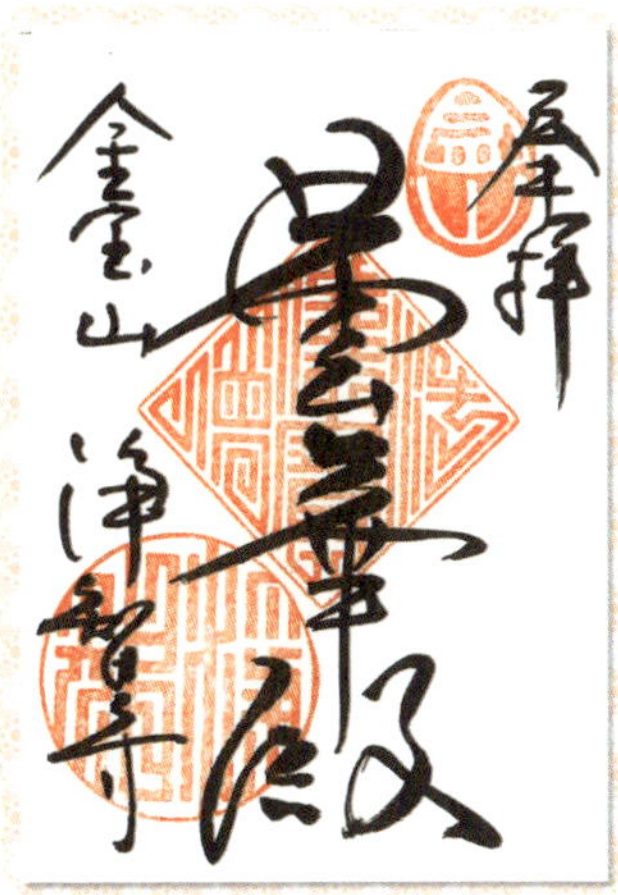

右の字……奉拝
中央の字…曇華殿
左の字……金宝山 浄智寺
右の印……金山
中央の印…仏法僧宝(三宝印)
左の印……浄智寺

➡お腹をなでると運気が上昇するという布袋尊像が安置される洞窟もあります ⬆珍しい中国式の鐘楼門。1階は山門、2階は花頭窓という花形の窓と梵鐘がつるされています

ココだけの御朱印帳!

⬆金色に輝く華やかな御朱印帳。持ち歩くだけで、気分を上げてくれます。1500円

⬅「曇華殿」と呼ばれる仏殿には、県指定の重要文化財であるご本尊の木像三世仏坐像が安置されています

DATA 浄智寺

臨済宗 金宝山《きんぽうざん》
三世仏《さんせぶつ》
弘安4年(1281)
宝形造(曇華殿)
住 神奈川県鎌倉市山ノ内1402
交 JR横須賀線北鎌倉駅から徒歩8分
料 300円

坐禅会に参加するなら早朝に行きたい

北鎌倉駅 ← 徒歩2分 ← 1 円覚寺 ← 徒歩6分 ← 2 浄智寺 ← 徒歩12分 ← 円応寺

3 円応寺

えんのうじ

鋭い眼光とは裏腹に子供の健やかな成長を促してくれます

➡天国か地獄行きかを閻魔大王様が裁くといわれています

⬆倶生神像、鬼卒立像、初江王像、壇拏(人頭杖)等は鶴岡八幡宮の国宝館に安置

本堂の閻魔堂には、運慶の作と伝わる本尊の閻魔大王像を中心に一部の十王像が並び、閻魔大王像は笑っているように見えることから「笑い閻魔」と呼ばれています。山賊から守るために飲み込んだ赤ちゃんが、無事に成長したことから「子育て閻魔」としても信仰を集めています。

⬅木造の閻魔大王坐像をはじめ、貴重な文化財を多数安置する本堂

右の字…奉拝
中央の字…円満
左の字…新居山円応寺
右の印…仏法僧宝(三宝印)

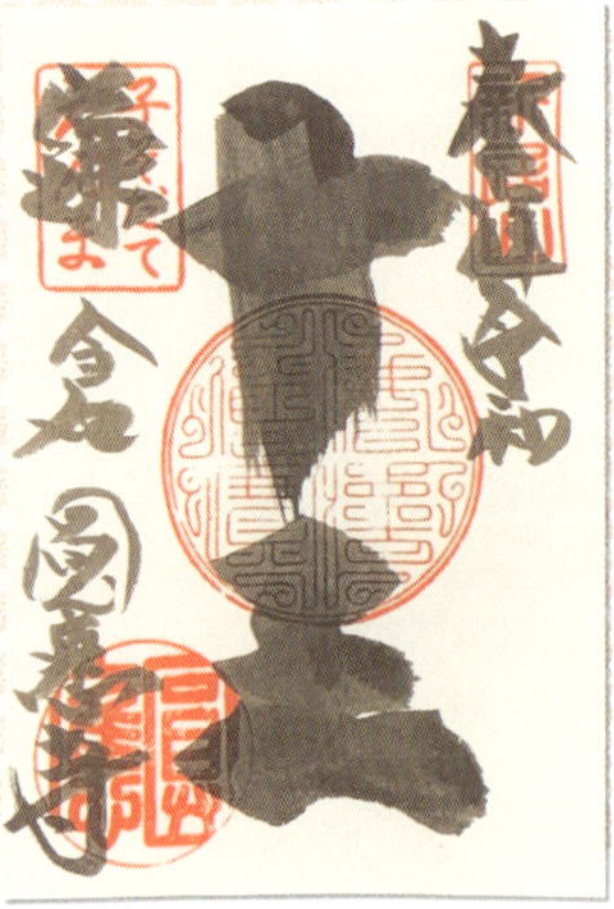

右の字……奉拝
中央の字…十王
左の字…鎌倉 圓應寺
右の印……新居山
中央の印…仏法僧宝(三宝印)
左の印……上・子そだてえんま 下・円応寺

ご利益おもちかえり

御姿 1000円

⬆子どもが丈夫に育つための健康祈願や合格祈願に

御守 500円

⬆閻魔様に守っていただく身代わり板守

③ **円応寺** ← 徒歩7分 ← ④ **鶴岡八幡宮** ← 徒歩2分 ← 八幡宮(バス停) ← バスで2分 ← 鎌倉駅 ← 徒歩11分 ← ⑤ **安養院** ← 徒歩11分 ← 鎌倉駅

DATA 円応寺

臨済宗建長寺派 **新居山**

閻魔大王

建長2年(1250)

住 神奈川県鎌倉市山ノ内1543

交 JR横須賀線北鎌倉駅から徒歩15分

料 大人300円、小・中・高生200円

4 鶴岡八幡宮

●つるがおかはちまんぐう

➡大石段にそびえる楼門は記念撮影にもぴったりな場所です

源氏の興隆を肌で感じる！ 町づくりの中枢をになった鎌倉のシンボル的存在

創建は奥州を鎮定した源義経《よしつね》にさかのぼります。その後裔である源頼朝《よりとも》が鎌倉幕府の宗社として、上・下両宮からなる荘厳な社殿を整えました。源義経《よしつね》との悲恋で知られる静御前《しずかごぜん》が舞を披露した場所など、源氏に関わるさまざまなスポットが残されています。

右の字……奉拝
中央の字……鶴岡八幡宮
中央の印……鶴岡八幡宮

ココだけの御朱印帳！

⬅社殿や太鼓橋が描かれた御朱印帳。裏面の柄は桜の咲く山道と鳥居です。1700円

➡長さ約10mの宮橋。かつては朱塗りであったため、「赤橋」と呼ばれていました

DATA 鶴岡八幡宮
- 応神天皇《おうじんてんのう》・比売神《ひめがみ》・神功皇后《じんぐうこうごう》
- 建長2年(1191)
- 流権現造(本宮)
- 住 神奈川県鎌倉市雪ノ下2-1-31
- 交 JR横須賀線鎌倉駅から徒歩10分
- 料 無料

5 安養院

●あんよういん

先だった夫のために鎌倉幕府の創始者を弔う寂然たる美しい寺

頼朝《よりとも》を弔うために妻である北条政子が祇園山長楽寺《ぎおんさんちょうらくじ》として創建。安養院という名前は、後年になって北条政子の法名からつけられたものです。江戸時代に頼朝の家臣、田代信綱《たしろのぶつな》が創建した田代寺と統合されたことで千手観音も祀られています。

頼朝夫妻の愛を感じる!?

⬆➡山門の前に咲くオオムラサキツツジは初夏の風物詩(写真上)。境内には親子地蔵や夫婦地蔵(写真右)が並ぶ

中央の字…南無阿弥陀佛
左の字……かまくら 安養院
右の印……無量光
中央の印…仏法僧宝(三宝印)
左の印……上・尼御臺所 北条政子 香華院　下・祇園山 安養院

ご利益おもちかえり

日限地蔵尊絵馬 500円

⬆ご祈願用の絵馬。期限を決めて願いを掛けると効果的だそうです

なす守り 500円

⬆ご利益は諸願成就。なすの形をした鈴がかわいらしく個性的です

➡ご本尊や北条政子像が祀られる本堂

DATA 安養院
- 浄土宗　祇園山《ぎおんざん》
- 阿弥陀如来
- 家禄元年(1225)
- 住 神奈川県鎌倉市大町3-1-22
- 交 JR横須賀線鎌倉駅から徒歩10分
- 料 200円

神奈川

海風を感じながら楽しみたい！ 江ノ電で長谷・江の島の寺社に行こう

鎌倉～藤沢までをつなぐローカル線「江ノ電」に乗車して、風情ある長谷や煌めく海が美しい江ノ島にある寺社を目指しましょう。

鎌倉のシンボル的存在である江ノ電。明治35年（1902）から現在まで、120年以上も地元の人や観光客の足として親しまれてきました。車窓からは、自然と調和した歴史ある鎌倉の街並みや、光り輝く海を眺めることができ、美しい景色が楽しめるのも江ノ電の魅力です。

寺社めぐりだけでなく、江ノ島シーキャンドルタワーや新江ノ島水族館に寄ってみるのもいいでしょう。

1 高徳院

こうとくいん

神秘的な佇まいの巨大仏
外から拝むだけでなく
胎内の見学も楽しめる！

←境内の約1.8ｍの大わらぞうりなど奉納品も要チェック

↑→優しく微笑む大仏様（写真上）。入胎料50円で胎内（写真右）に入ることもできます

大仏様の胎内にレッツゴー！

像 高約11・3ｍ、重量約121ｔ。鎌倉大仏の名で知られる銅造りの阿弥陀如来坐像が鎮座する寺院です。鎌倉でただひとつの国宝、シンボルになっている大仏様は仏教芸術の歴史のなかでも貴重な存在。その徳の高い端正な顔立ちを歌人である与謝野晶子は「鎌倉や 御仏なれど 釈迦牟尼は 美男におわす 夏木立かな」と褒め称えています。

光則寺の山門は朱塗り

長谷駅 ← 徒歩7分 ← 1 高徳院 ← 徒歩6分 ← 2 光則寺 ← 徒歩6分 ← 長谷寺

カイドウの見頃は例年4月上旬です

2 光則寺

こうそくじ

境内にてヤマアジサイやカイドウなど多彩な植物が育つ通称「花の寺」。鎌倉幕府の五代執権・北条時《とき》頼《より》の家臣である宿屋《やどや》光《みつ》則《のり》が、主君の名により日蓮聖人の弟子・日朗《にちろう》上人《しょうにん》を土牢に幽閉したのが開山のきっかけといわれています。光則はそもそも監視役でしたが、日朗上人の教えに感銘を受けてのちに日蓮宗に帰依。さらに屋敷を寺院に改めたのです。

ココに注目！

↓本堂(写真下)周辺だけでなく日朗上人が閉じ込められた土の牢(写真左上)も見どころ。ともに豊かな緑や花々の彩りに囲まれています

本堂前のカイドウが見事

武家屋敷は寺院となり今では四季折々の花が美しく咲き誇る！

右の字……奉拝
中央の字……阿弥陀如来
左の字……高徳院
中央の印……鎌倉大仏殿
左の印……鎌倉大仏殿高徳院印

ご利益おもちかえり

足を丈夫に金の下駄 900円

↑金の下駄を模ったお守り。足の怪我から身を守ってくれそうです

開運木札ストラップ 600円

↑つげの木に彫り込まれている大仏様。よい運気を招きます

ココだけの御朱印帳！

→なめらかなタッチで描かれた大仏様。絵で見るお姿も新鮮です。1800円

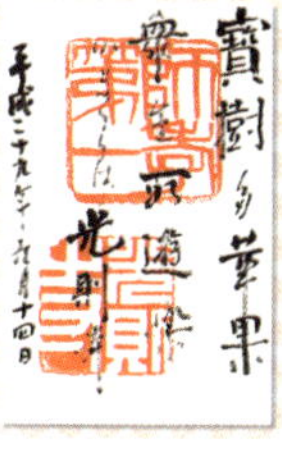

右の字……宝樹多華果
中央の字……衆生所遊楽　光則寺
中央の印……上・師孝第一
下・光則寺

DATA 光則寺
- 日蓮宗　行時山《ぎょうじさん》
- 日蓮聖人
- 文永11年(1274)
- 寄棟造
- 住 神奈川県鎌倉市長谷3-9-7
- 交 江ノ島電鉄長谷駅から徒歩6分
- 料 100円

DATA 高徳院
- 浄土宗　大異山《だいいざん》
- 阿弥陀如来　不詳
- 切妻造(観月堂)
- 住 神奈川県鎌倉市長谷4-2-28
- 交 江ノ島電鉄長谷駅から徒歩7分
- 料 300円

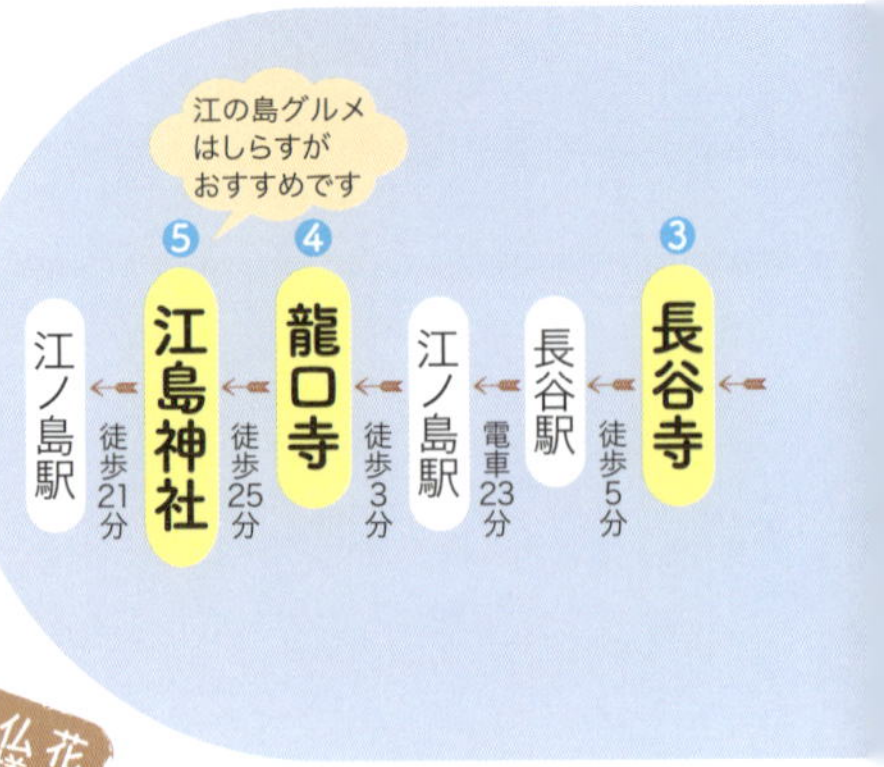

3 長谷寺

はせでら

花咲き誇る仏様が住まう世界 極楽浄土ここにあり！

観音山の地形を利用した回遊式庭園となっている境内。季節の花々が咲き誇る鎌倉の西方極楽浄土、仏教における理想の世界と称されています。ご本尊である十一面観音立像は日本最大級の木造仏像。養老5年(721)に奈良で制作したものが海流に乗り、この地に15年の時を経て漂着したという開山伝説も壮大です。

黄金のオーラをまとう巨大仏

↑→観音堂(写真右)に届きそうなほど巨大な十一面観音立像(写真上)。高さは9・18mにもなります。奈良県にも長谷寺があり、同じクスノキの木から彫られたとされる仏像がご本尊として安置されているそうです

ご利益おもちかえり

願叶う守 700円

↑15の語呂合わせでイチゴ。十分な五(ご)利益に恵まれそうです

クリア守 1000円

↑和み地蔵さまとお花を刺繍。目標や困難を「クリア」できるように

ココだけの御朱印帳！

←表紙は長谷寺名物紫陽花の花。境内に40種類以上も植えられています。2000円

DATA 長谷寺

- 浄土宗系単立
- 海光山《かいこうざん》
- 十一面観音
- 天平8年(736)
- 住 神奈川県鎌倉市長谷3-11-2
- 交 江ノ島電鉄長谷駅から徒歩5分
- 料 400円

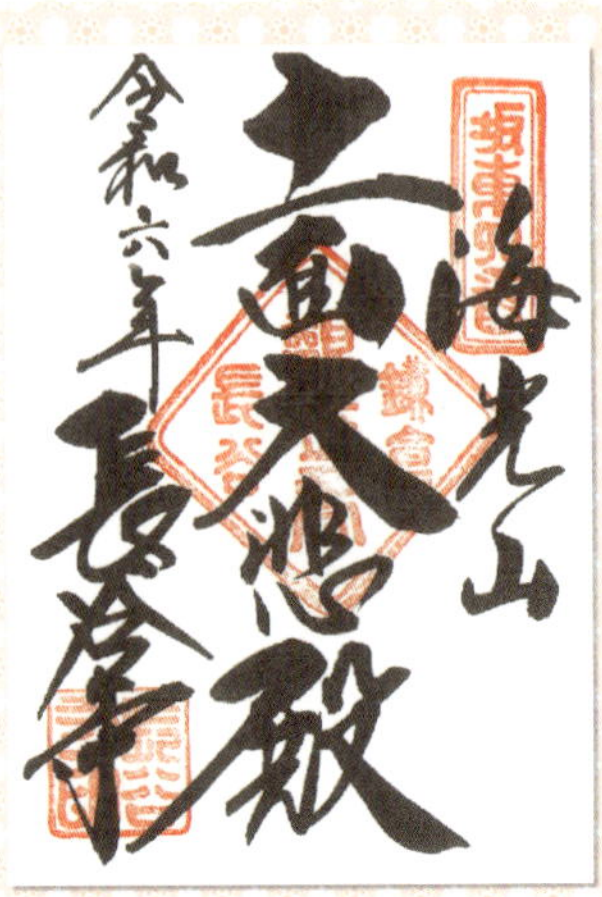

右の字……海光山
中央の字…十一面大悲殿
左の字……長谷寺

右の印……坂東四番
中央の印…鎌倉 観音堂 長谷
左の印……長谷寺印

4 龍口寺

りゅうこうじ

鎌倉幕府を批判した罪により、日蓮聖人が斬首されかけた龍ノ口法難の地。江の島から飛び出した不思議な光に処刑人が恐れおののき、刑は中止になったといわれています。元々は刑場でしたが、直弟子の日法上人によりお堂が創建。現在では霊跡として日蓮宗の本山のひとつに数えられています。

日法上人の受難と奇跡 刑場だった場所は聖地のお寺として発展

本堂や五重塔はケヤキ造り！

↑ケヤキの木で造られた五重塔など荘厳な寺院建築も魅力

↓本堂は日蓮星人が座らされた敷皮(しきかわ)が安置されており、「敷皮堂」とも呼ばれています

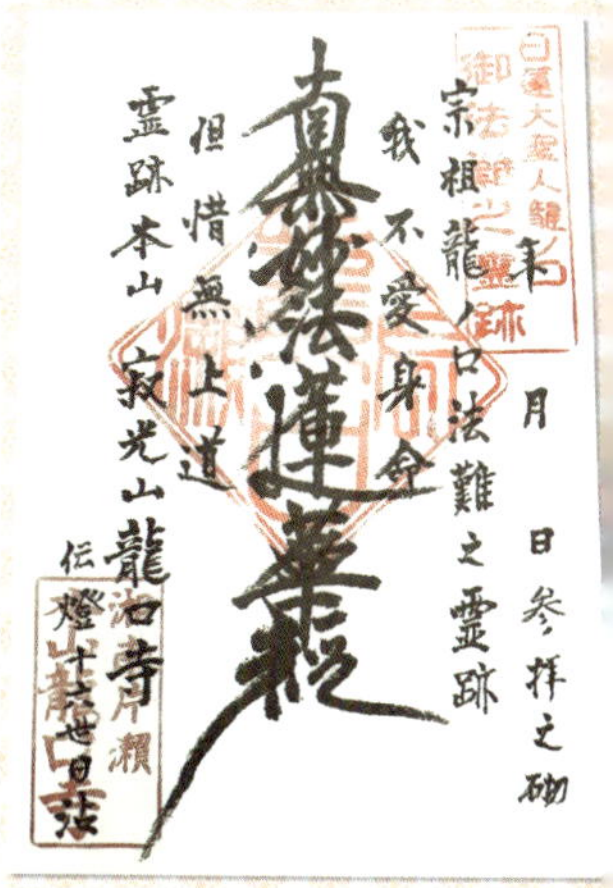

右の字……宗祖龍ノ口法難之霊跡
我不愛身命
中央の字…南無妙法蓮華経
左の字……但借無上道 霊跡本山
寂光山龍口寺 伝燈十六世日法
右の印……日蓮大聖人龍ノ口御法難之霊跡
中央の印…龍口 片瀬
左の印……湘南片瀬 本山龍口寺
※日蓮宗寺院のみの御朱印を集めている人が受ける『御首題』です

ご利益おもちかえり

ぱっかり守り 500円

半分に割れるお守り。厄と書かれた札は落としていきましょう

登龍守 1000円

龍が抱えているのは本水晶の珠。願い事を込めて身につけます

DATA 龍口寺

日蓮宗 寂光山

日蓮聖人像・曼荼羅

延元2年(1337)

住 神奈川県藤沢市片瀬3-13-37
交 江ノ島電鉄江ノ島駅から徒歩3分
料 無料

5 江島神社

えのしまじんじゃ

湘南海岸のメッカ
3柱の女神や弁財天が
あなたの恋を応援！

湘南海岸に突き出るような形をした江の島には、古から三姉妹の女神が祀られています。神仏習合の影響で江戸時代には日本三代弁財天のひとつに数えられるようになり、芸能上達や商売繁盛など多彩なご利益に参拝客が殺到。現在では縁結びのパワースポットとして評判を集め、恋人たちの聖地にもなっています。

3人の女神を参拝！

階段や坂道を上りながら辺津宮(写真上)、中津宮(写真中央)、奥宮(写真下)と3つの神社を参拝していきます。道中には飲食店や休憩所が点在しますので、疲れたときには無理をせずひと休みしましょう

ご利益おもちかえり

よくばり美人守り 基本パーツ 700円

美肌や美白、美髪などチャームパーツを各500円で追加できます

縁結び守 1500円

ご利益は恋愛運のアップ。「末長く続く」という意味の菊結びが施されています

ココだけの御朱印帳！

富士山と相模灘が描かれた見事な表紙。裏面の図柄は海と社紋です。2000円

右の字……奉拝
中央の字…江島神社
中央の印…上・社紋(向かい波三つ鱗)
下・江島神社

DATA 江島神社

多紀理比賣命《たぎりひめのみこと》・市寸島比賣命《いちきしまひめのみこと》・田寸津比賣命《たぎつひめのみこと》

欽明天皇13年(552)

権現造(中津宮)

住 神奈川県藤沢市江の島2-3-8
交 江ノ島電鉄江ノ島駅から徒歩20分
料 無料

千葉

江戸の昔から栄えたノスタルジックなエリアでのんびり 成田〜香取で御朱印めぐりドライブ

千葉県で御朱印をいただくなら、絶対に外せない名刹・成田山新勝寺。せっかく成田まで来たら、のどかな畦道をドライブしながら古くから地元民の拠り所とされる歴史ある寺社を参拝し、最後は関東屈指のパワースポット・香取神宮まで。ノスタルジックな風景に思いを馳せて。

成田山新勝寺はいわずと知れた日本屈指の名刹。高台に大伽藍が立ち並ぶほど境内は見どころ満載。初めて参拝するならボランティアガイドのツアーに参加して、必見ポイントを教えてもらうのもおすすめです。おまいりの後は成田駅から成田山新勝寺の山門まで800mほど続く参道で名物のウナギをいただきましょう。香取までは田園風景を楽しみながらのんびり車を走らせて。香取神宮でパワーチャージした後に重要伝統的建

1 富里高松 香取神社

とみさとたかまつかとりじんじゃ

市街地の喧騒から離れ、田畑と緑濃い森に囲まれた里山にぽつんと立つ小さな社です。神職が駐在しているわけではないのですが、御朱印ファンからは熱い注目を集めています。富里市の名産、スイカをモチーフにした御朱印と授与品はとってもキュートなデザイン。もちろん、ご祭神のパワーも絶大。産業指導、安産の神として知られる経津主大《ふつぬしのおお》神《かみ》をお祀りしています。

↑拝殿の裏に回れば、江戸時代中期に建てられた本殿もおまいりできます

←↑スイカのトンネル栽培をイメージしたビニールハウスにスイカの絵馬を奉納します。皆様の願いも"育ちますように"

祭神におまいりをして、スイカのように願いを大きく実らせたい

2 埴生神社

はぶじんじゃ

今から約1500年前、土師部《はじべ》一族がこの地で焼畑農耕により食物を育て、集落を構え、その豊潤な埴《はに》(土)を用いて器を作り生活を営んでいました。自分達の祖神として埴山姫《はにやまひめ》之命《のみこと》を祀り、古代祭祀を執

←玉砂利が綺麗に掃かれ、植栽も美しく整えられた清々しい境内 ↓拝殿は古墳の跡に建てられています

成田の総鎮守で子どもの健やかな成長をご祭神の女神にお祈り

ご利益おもちかえり

仕事守 1000円

↑うなぎのイラストをあしらったお守り。うなぎ昇りに仕事運アップ

幸守(結び守)各1000円

↑鈴を鳴らして厄を払い、幸せを呼び込みたい♪

➔➔西瓜を連想させる柄が印象的な御朱印帳。赤と緑、黄と黒の2種類。1500円

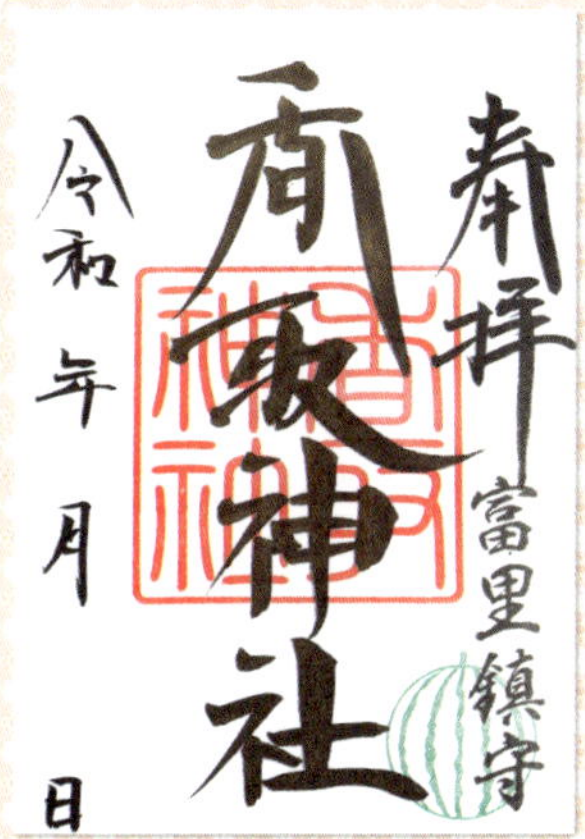

➔西瓜の押し印が特徴的。通常御朱印のほか、月替わりや切り絵、毎月1日、15日限定でいただける御朱印などもあります

右の字……奉拝　富里鎮守
中央の字……香取神社
右の印……西瓜の印
中央の印……香取神社

➔➔スイカのおみくじも大人気。2種類あるのでどちらも引きたい！

野菜御守 各700円
➔富里の特産品がモチーフ。大根のほかにも人参、トマトなど

西瓜御守 各700円
➔スイカだけに、願いが大きく実りますように♪

DATA 富里高松 香取神社
経津主大神
不詳　流造
住 千葉県富里市高松101
交 東関東自動車道酒々井ICより車で10分　料 無料

造物群保存地区まで足を延ばせば、江戸情緒が残る街並みも楽しめます。

周辺の寺社へのアクセスは車の利用が便利！

成田駅
↓ 車25分
① 富里高松 香取神宮
↓ 車17分
② 埴生神社
↓ 車4分
成田山新勝寺

り行ったのがはじまりとされています。特に子育ての神と広く崇められている成田総鎮守で、初宮参りや安産祈願、初浅間詣、七五三に多くの家族が訪れます。また、成田空港も近いとこから、空港関連企業も航空安全や社業の安全を願って参拝するそうです。

➔通常の御朱印も月替わりで印が変わります。御朱印はすべてこだわりの紙にいただけるので、ぜひ注目してください

右の字……奉拝　成田総鎮守
中央の字……埴生神社
右の印……月替わりの印
中央の印……埴生神社

➔お正月特別御朱印は干支のデザインが可愛らしく、毎年いただきたいです

右の字……奉拝
中央の字……埴生神社
中央の印……埴生神社

DATA 埴生神社
埴山姫命
不詳
流造
住 千葉県成田市郷部994
交 JR成田線成田駅・京成成田駅から徒歩15分、成田ICから車で15分
料 無料

3 成田山新勝寺

なりたさんしんしょうじ

天慶3年（940）、平将門の乱の平定を祈願し、寛朝《かんちょう》大僧《だいそう》正《じょう》によって開かれました。ご本尊は不動明王で、江戸期から「成田山のお不動さま」と呼ばれて親しまれています。境内には、額堂《がくどう》、光明堂、釈迦堂、仁王門、三重塔の5つ

良縁成就から出世祈願まであらゆる願いを叶えてくださるお不動さま

参道に続く商店街で名物・厄落としだんごを♪

埴生神社 →車4分→ 3 成田山新勝寺 →車25分→ 4 小御門神社 →車15分→ 5 円応寺 →車15分→ 6 香取神宮

右の字……奉拝 下総国
中央の字…本尊 不動明王
左の字……成田山新勝寺
右の印……成田山
中央の印…カン(梵字)
左の印……大本山成田山新勝寺

仁王門。江戸時代に再建された国の重要文化財です

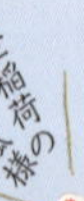

出世稲荷のお狐様

出世稲荷。商売繁昌、開運成就、火伏せのご利益で、古くから「出世開運稲荷」と呼ばれて親しまれているお稲荷様

ご利益おもちかえり

絵馬（開運招福）1000円

運が開けることを願い、不動明王に手を合わせましょう

出世開運御守 1000円

白狐の顔を模したお守。商売繁昌・出世向上のご利益があります

の重要文化財があり、すべて江戸時代のもの。貴重な仏像や奉納品が収められています。御朱印は大本堂など6つの堂宇でそれぞれ違う種類の御朱印がいただけます。

➡大本堂。ご本尊の不動明王をはじめ、四大明王や平成大曼荼羅（だいまんだら）が奉安されており、堂内にはだれでも上がることが出来ます。成田山新勝寺で重要な、御護摩祈祷（おごまきとう）を行う中心道場でもあります

➘釈迦堂（写真右上）。安政5年（1858）に建立された、かつての本堂。厄除けお払いの祈祷所です

➘光明堂（写真右下）。釈迦堂が本堂だった時代の前の本堂。元禄14年（1701）建立で、江戸時代中期の貴重な建物です。毎年祇園会に開扉されます

⬅三重塔。正徳2年（1712）に建立された総高25mの塔内には、大日如来を中心に五智如来（ごちにょらい）が奉安されています。壁に施された十六羅漢の彫刻は必見！

垂木部分に張られた極彩色の板軒。通称「一枚垂木」と呼ばれています

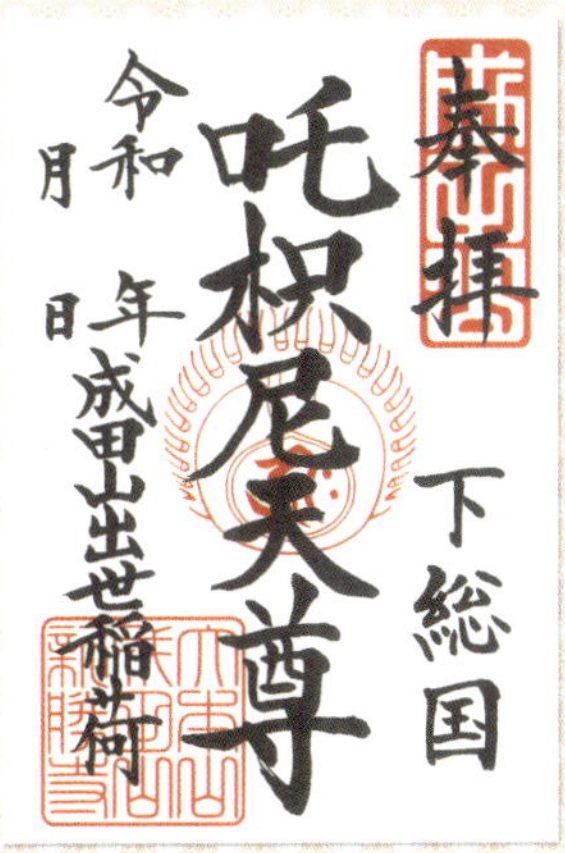

右の字……奉拝　下総国
中央の字……吒枳尼天尊
左の字……成田山
出世稲荷
右の印……成田山
中央の印……キリク（梵字）
左の印……大本山成田山新勝寺

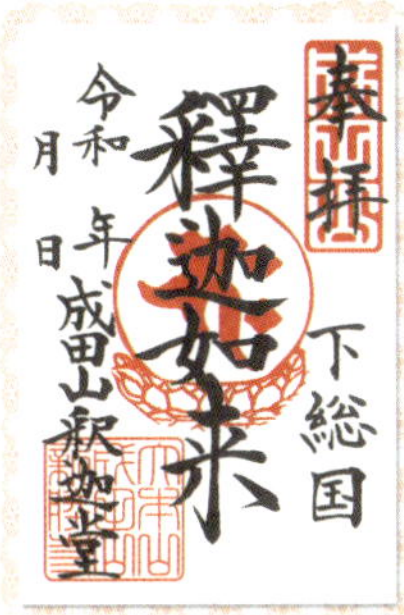

右の字…奉拝　下総国／中央の字…釋迦如来／左の字…成田山釈迦堂／右の印…成田山／中央の印…バク（梵字）／左の印…大本山成田山新勝寺

右の字…奉拝　下総国／中央の字…カンマン（梵字）／左の字…成田山大塔／右の印…成田山／中央の印…カン（梵字）／左の印…大本山成田山新勝寺

右の字…奉拝　下総国／中央の字…大日如来／左の字…成田山光明堂／右の印…成田山／中央の印…バン（梵字）／左の印…大本山成田山新勝寺

右の字…奉拝　下総国／中央の字…薬師如来／左の字…成田山醫王殿／右の印…成田山／中央の印…ベイ（梵字）／左の印…大本山成田山新勝寺

ココだけの御朱印帳！

⬅金色の大本堂がレイアウトされた御朱印帳。紺、赤、ピンクの3色。2000円

➡平和大塔。境内東側、真言密教の教えを象徴する総高58mの塔。1階には成田山の歴史展示や写経道場、上階には大塔本尊の不動大明などが奉安されています

⬇醫王殿。2017年に開基1080年祭記念事業として建立。健康長寿と病気平癒の祈願所です

©成田山新勝寺

DATA 成田山新勝寺
真言宗
成田山　不動明王
天慶3年（904）
入母屋造
住 千葉県成田市成田1
交 JR成田線成田駅・京成本線京成成田から徒歩10分
料 無料

4 小御門神社
こみかどじんじゃ

病気平癒、健身安泰、除災招福、家内安全、交通安全などのご利益がある神社

御 醍醐天皇の忠臣・藤原師賢《ふじわらのもろかた》公《こう》を祀っています。師賢公は元弘の変（1331年）で、御醍醐天皇の身代わりとなりますが、願いは遂げられず、捕らえられた後に下総国に流され、32歳でこの世を去りました。その功績をたたえて神社を創建したところ、天皇の身代わりとなって没した英雄を祀ることとから「身代わり神社」として親しまれています。

➜厳かな雰囲気に包まれます

ご利益おもちかえり

身代わり人形御守 各500円

➜肌身離さず持っていれば、あらゆる厄災を引き受けてくれます

➜境内は「小御門神社の森」と呼ばれ、千葉県天然記念物に指定されています

右の字……旧別格官幣社
中央の字…小御門神社
中央の印…上・双葉菊花紋
下・別格官幣社 小御門神社

右の字……小御門神社 奥の宮
中央の字…文貞公霊廟
中央の印…文貞公霊廟

ココだけの御朱印帳！

➜菊花と抱柏を組み合わせた社紋と、もうひとつの社紋の上がり藤、さらに八雲を組み合わせたデザイン。2000円

DATA 小御門神社

藤原師賢公 明治15年(1882) 神明造

住 千葉県成田市名古屋898
交 JR成田線滑川駅からしもふさ循環バスで8分、小御門神社前下車、徒歩3分
料 無料

5 伊能子育て観音 円応寺
いのうこそだてかんのん えんのうじ

本 堂には真言宗のご本尊である大日如来、観音堂には十一面観音を安置しています。奈良時代の僧である行基菩薩の御作と伝えられており、安産・子育ての観音様として近隣の人々からの信仰を集めていました。「お寺から地域を盛り上げたい」という住職の思いで、毎月十九日の観音護摩祈祷や、火まつりに合わせた観音さまマルシェなど、おまいりの方が楽しめる行事を開催しています。

安産・子育ての観音様として地域のひとびとに信仰されるお寺

右の字……奉拝
中央の字…念彼観音力
左の字……圓應寺
右の印……安産伊能子育て観音
中央の印…十一面観音キャ(三宝印)
左の印……引地山成就院圓應寺

ココだけの御朱印帳！

➜表紙には寺紋の「丸に梅の花」、裏表紙には「伊能子育て観音 円応寺」の刺繍が入っています。裏写りしづらく筆の滑りも良いこだわりの梅の花の和紙を使用。緑と赤の2種類。4000円

右の字…伊能子育て観音
左の字…円応寺
左の印…引地山圓應寺

➜焼き芋を模した限定御朱印が秋らしくかわいらしい。デザインや時期は毎年のお楽しみなのでSNSで要チェック

ご利益おもちかえり

貼ってはがせるシール御守 500円

➜健康、無病息災、身上安全のお守り。スマホやお財布に貼りたい

DATA 伊能子育て観音 円応寺

真言宗
豊山 大日如来
天文2年(1533)
土蔵造
住 千葉県成田市伊能2457
交 東関東自動車道「大栄インター」より約6分
料 無料

➜十一面観音が安置されています。平時は秘仏となっています

6 香取神宮
かとりじんぐう

最強の武神を祀る下総国の一宮に詣で、恋に仕事に勝ちに行く

国譲りの神話で活躍した経津主大《ふつぬしのおお》神《かみ》が祀られています。日本全国に400社ある香取神社の総本社で、

古くから国家鎮護の神として皇室からの信仰も篤く、明治以前から「神宮」の称号を与えられた由緒正しい社です。

剣を神格化したともいわれる経津主大神は勝負事に関してだけでなく、悪い縁や迷いを断ち切って道を切り開くためのパワーも授ける縁結びの神様としても有名です。

↑↓拝殿（写真上）は金の装飾を施した黒漆の社殿と檜皮葺の屋根で、境内の深い緑に映える力強さと美しさ。参拝をしたら拝殿をぐるりと回って本殿（写真下）へ。彫刻されている鳳凰にも注目を ←楼門（写真左）は2階造りで、昭和58年（1983）に重要文化財に指定されました。南側、楼上の額は東郷平八郎の筆によるものです

↑境内には樹齢1000年とされるご神木をはじめ、源頼義の祈願により分かれたという三本杉など生命力あふれる木々が

↓旧参道に戻ってゆるやかに下ると、木立の中に奥宮が見えてきます

→香取・鹿島両神宮の大神様が、地震を起こす大鯰を鎮めるために地中深くまで差し込んでいるとされる霊石。意を決す場所ともいわれているパワースポットです

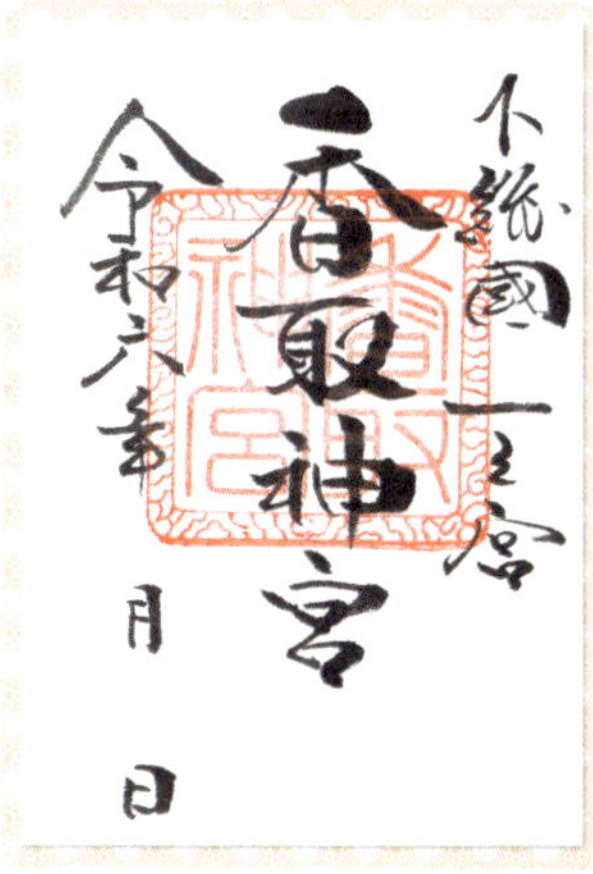

右の字……下総國一之宮
中央の字…香取神宮
中央の印…香取神宮

DATA 香取神宮
経津主大神
神武天皇18年（紀元前643）
三間社流造《さんげんしゃながれづくり》
住 千葉県香取市香取1697
交 JR成田線香取駅から徒歩30分、またはJR成田線佐原駅から車で10分
料 無料

ココだけの御朱印帳！

←金と銀で鳳凰と麒麟があしらわれ、香取神宮を象徴する黒と赤がシックな印象。1500円

ご利益おもちかえり

要石災難除守 各1000円
↑要石に由来した御守り。裏側には大鯰のイラストが。色は赤、黄、緑

心願成就守 各1000円
↑お財布やカバンに入るカードタイプ。中央には「叶」の文字が

栃木

世界に誇る寺社をめぐりたい！ 日光世界遺産の御朱印トラベル

日光の寺社はいつかは行きたい世界遺産。ほかに類を見ないほど、華麗な装飾が施された寺社建築には深い歴史も秘められています。その数に比例するように御朱印も豊富に賜わることができるのです。

日光二荒山神社の霊泉

ユネスコの世界遺産に登録されている日光の二社一寺。１０３つの宗教的建造物が含まれており、そのすべてが国宝や重要文化財にも指定されています。御朱印の数もひとつやふたつどころではありません。１日かけてめぐれば受領し尽くすことは可能ですが、荘厳な社殿や仏像に見惚れながら歩いていると、うっかり参拝し逃してしまうことも…。そんなことがないように、ここで御朱印と参拝先をチェックしましょう。

1 日光東照宮《にっこうとうしょうぐう》

2 ５０年以上続く太平の世の礎を築いた徳川家康公は、東照大権現として全国の東照宮で祀られることになりました。そして墓所のある日光の地は、いわば総本社です。二代目将軍である秀忠公が、家康公の遺言どおりに簡素なお祠を建立した後、祖父を崇拝する三代目の家光公が現在まで残されている絢爛豪華な社殿群を築き上げました。

右の字……奉拝
中央の印…日光東照宮

2017年にお化粧直し

3匹の猿の物語！

➡全8枚からなる猿の成長物語を描いた神厩舎(しんきゅうしゃ)の彫刻。その第2幕目が見ざる、言わざる、聞かざるです。自分の品格を落とすような事柄には関わらないのが吉という教訓を表しています

かわいい動物も必見！天下の大将軍に相応しい金色に光り輝く社殿群

➡陽明門は、日光東照宮を代表する建築物。大改修が完了し美しい姿に

日光駅
バス8分
東照宮東参道入口ホテル清晃苑前
徒歩すぐ
① 日光東照宮
徒歩3分
日光山輪王寺

日光駅から東照宮は歩くと30分ほど

JRと東武の日光駅はすぐ近く

ランチは湯波にしようかな

ご利益おもちかえり

眠猫守 1000円

➔東照宮の彫刻を模した平和の象徴。優しい寝顔には癒し効果も

三猿ストラップ守 1000円

➔三猿が連なる愛らしいお守り。心の成長を見守ってくれそうです

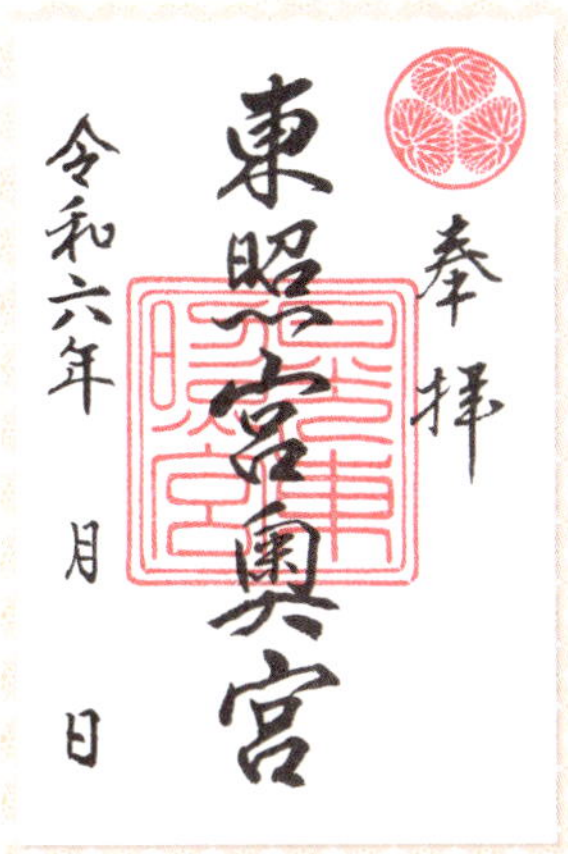

右の字……奉拝
中央の字…東照宮奥宮
右の印……葵の紋
中央の印…日光東照宮

➔奥宮は家康公の墓所。移された骨が宝塔に納められています

➔高さ36mの五重塔。軒下には方角を表す十二支の動物が並びます

ひと足のばして

鳴龍の御朱印も忘れずに

龍のように美しい筆跡！

右の字…上・奉拝 下・日光山／中央の字…鳴龍／左の字…薬師堂／右の印…鈴鳴龍／中央の印…梵字／左の印…日光山本地堂

鳴龍で知られる薬師堂（本地堂）で賜われるのは、東照宮の敷地内ながら薬師如来の御宝印が押された仏教の御朱印です。神社のものと分けて記帳する方は注意を。

DATA 日光東照宮

東照大権現

元和3年(1617)

権現造

住 栃木県日光市山内2301

交 JR日光線日光駅から世界遺産めぐりバスで8分、東照宮東参道入口ホテル清晃苑前下車、徒歩すぐ

料 1600円

ココだけの御朱印帳！

➔シンプルながら徳川家康公の家紋と黄金の陽明門が印象的です。御朱印つきで2500円

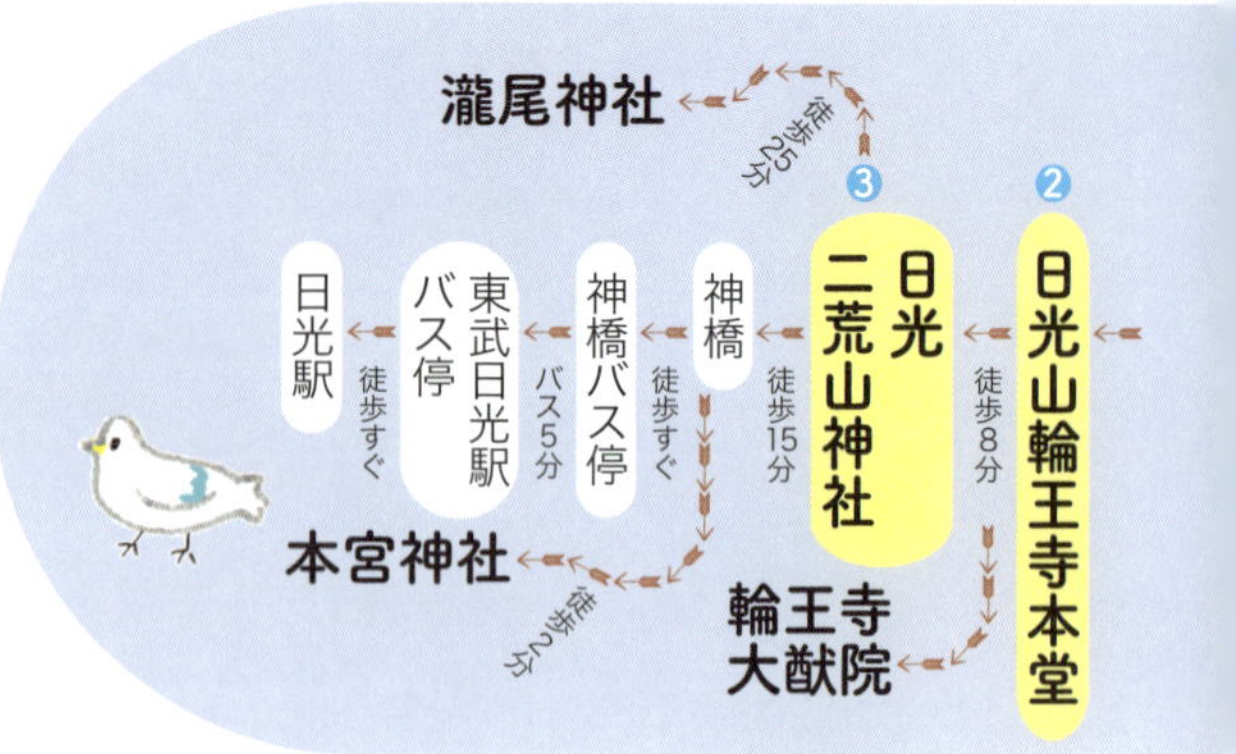

境内は貴重な文化財ばかり

←輪王寺の山門である黒門。江戸時代には皇族が住職を務めた格式の高いお寺であることを示しています

↖孔雀に乗るめずらしい阿弥陀如来を祀るのは常行堂。ご本尊の周りを歩きながら念仏を唱える常行三昧という修行が行われる道場です

↖現在も護摩祈願が毎日厳修される大護摩堂には、五大明王が鎮座。天井には見事な大昇竜が描かれています

2 日光山輪王寺

にっこうざんりんのうじ

奈良時代の僧・勝《しょう》道上人《どうしょうにん》が創建し、平安時代には弘法大師や坂上田村麻呂なども来山したと伝えられています。江戸時代には徳川家康公の側近として知られる天海《てんかい》大僧正が住職に就任。輪王寺の称号が天皇家から勅許されて隆盛を極め、三代目将軍家光公の霊廟(大猷院)も建立されました。比叡山延暦寺、東叡山寛永寺と並ぶ天台宗三本山のひとつに数えられる名刹なので、見どころもいっぱい。

境内の堂宇で賜る多彩な御朱印

右の字……上・奉拝　下・日光山
中央の字…阿弥陀如来
右の印……奉拝
中央の印…梵字
左の印……日光山 常行堂

右の字……上・奉拝　下・日光山
中央の字…五大尊
右の印……奉拝
中央の印…梵字
左の印……輪王寺 護摩堂

高さ約7・5m
3体の尊い仏様が
その御心で世を照らす！

生まれ変わった美しい三仏

↑東日本最大級の木造建築物です。本尊は千手観音(写真右)、阿弥陀如来(写真中央)、馬頭観音(写真左)で2016年に修復が完了

ご利益おもちかえり

鬼守 1000円

↑描かれるのは鬼の形相の降魔大師。災いを跳ね除けます

十二支梵字守 3000円

↑ペンダント型のお守り。梵字は生まれ年のご守本尊を表します

DATA 日光山輪王寺

- 天台宗　日光山《にっこうざん》
- 阿弥陀如来・千手観音・馬頭観音
- 天平神護2年(766)
- 一重裳階付入母屋造《いちじゅうもこしつきいりもやづくり》
- 住 栃木県日光市山内2300
- 交 JR日光線日光駅から世界遺産めぐりバスで10分、勝道上人像前下車、徒歩2分
- 料 900円(輪王寺合同券)

右の字……奉拝
中央の字…日光山 輪王寺
右の印……奉拝
中央の印…梵字
左の印……日光山 三仏堂

ひと足のばして

輪王寺大猷院《たいゆういん》へ

三代将軍・家光公の霊廟。三仏堂から少し離れた常行堂や日光二荒山神社の側に鎮座しています。

↑牡丹唐草など随所に緻密な意匠が施されており、見応え抜群の夜叉門。悪鬼の侵入を防ぐため4体の夜叉像が祀られています

右の字…上・奉拝
　　　　下・日光山
中央の字…大猷院
右の印…奉拝
中央の印…梵字
左の印…日光廟大猷院

DATA 輪王寺大猷院

- 徳川家光公
- 承応2年(1653)
- 権現造
- 料 550円

第5章
日光
世界遺産の御朱印トラベル

3 日光二荒山神社

●にっこうふたらさんじんじゃ

勝道上人が日光山を開山した後に、霊峰二荒山を祀ったのが起源です。二荒山は現在の男体山であり、さらに女峰山や太郎山などから成る日光連山が今なお神体山として崇められています。そのご神域の総面積は約3400ヘクタールと広大であり、なんと伊勢神宮に次ぐ全国2位。本社周辺だけでも必見の霊験あらたかな社が盛りだくさんです。

約60mのご神木

個性豊かな神々にご参拝

↗小槌を持たずに素手で福を招き入れるめずらしい大国様の絵が祀られているのは日光大国殿。社殿前には触れると心が丸くなる石やお菓子の神様なども鎮座しています

↑朋友神社(みともじんじゃ)が祀るのは少名彦名命(すくなひこなのみこと)。学問と知恵の神様です

右の字…奉拝／中央の字…二荒山神社／右の印…日光だいこく様／中央の印…上・社紋(三つ巴) 下・日光山 総鎮守二荒山神社下野国一之宮

右の字…健康の守護／中央の字…日枝神社／中央の印…日光二荒山神社末社日枝神社神苑内鎮座

↑黄金の龍日光銭洗所。浄化・再生・幸運をもたらすと伝わる霊水でお金を洗うと福が舞い込むといわれています

縁結びも出世も健康も！神様がいっぱいだからご利益も盛りだくさん

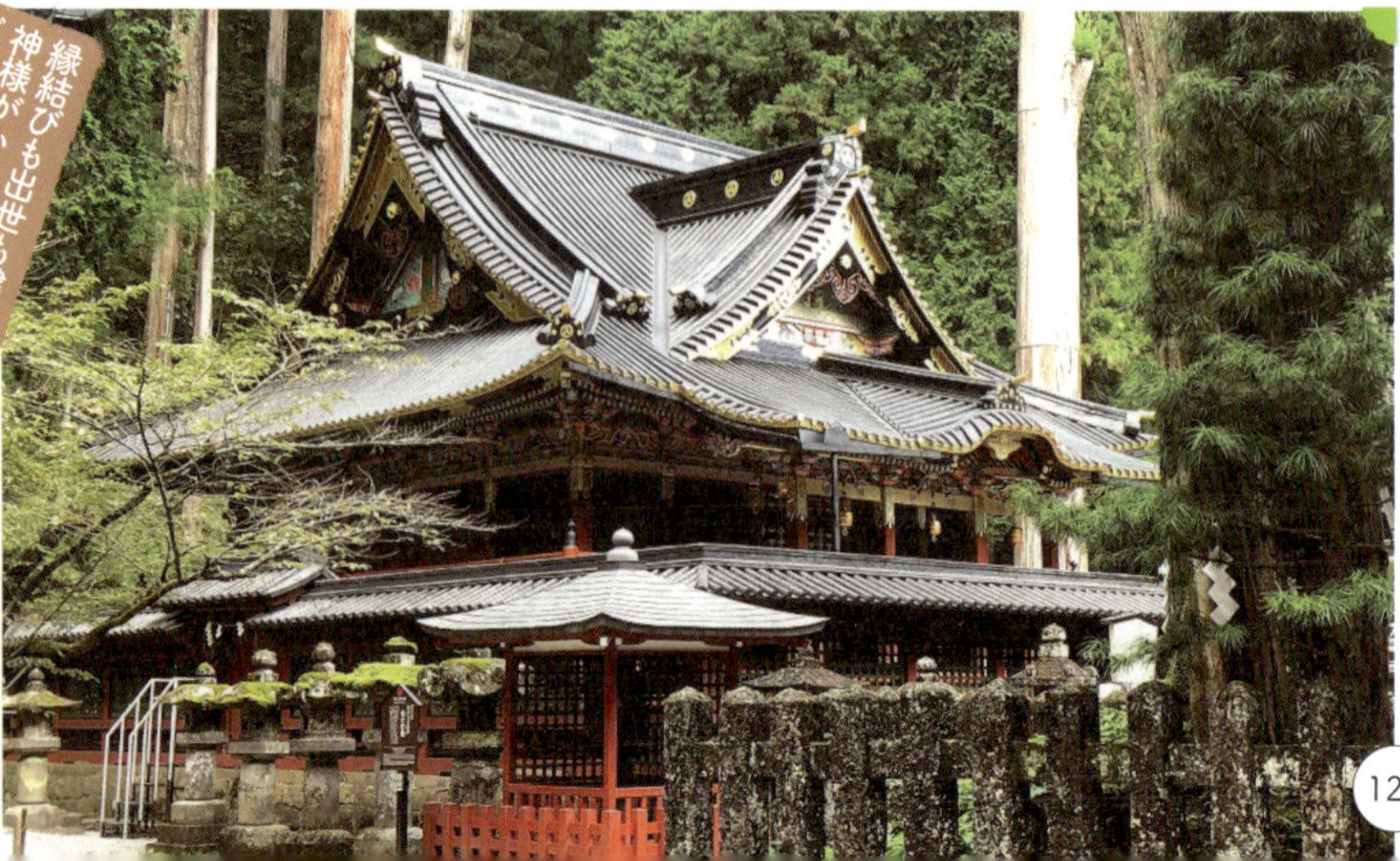

➔江戸時代初期に造営された拝殿とその奥にある本殿。二代目将軍の秀忠公による慎み深い建築物です

さらに御朱印をいただくなら！

本社から離れた場所にある神橋をはじめ、別宮である瀧尾神社や本宮神社も世界遺産に含まれています。時間に余裕があればぜひお立ち寄りを。

↑緑深い渓谷にかかる美しく神秘的な神橋。かつては神事・勅使などしか使用できませんでしたが、現在は一般の参拝者も渡ることができます

右の字…二荒山神社／中央の字…神橋
中央の印…上・日光橋姫大明神　下・神橋

DATA 神橋

天平神護2年(766)

住 栃木県日光市上鉢石町

料 300円

別宮もいっぱい！

右の字…日光の原点／中央の字…本宮神社／中央の印…上・社紋(抱き茗荷)　下・本宮神社

右の字…日光の聖地／中央の字…瀧尾神社／中央の印…上・社紋(一文字)　下・日光二荒山神社別宮瀧尾神社女峰山

DATA 本宮神社

味耜高彦根命《あじすきたかひこねのみこと》

大同3年(808)

住 栃木県日光市山内

料 無料　※御朱印は本社にて授与されます

DATA 瀧尾神社

田心姫命《たごりひめのみこと》

天長4年(827)

住 栃木県日光市山内

料 無料　※御朱印は本社にて授与されます

↑山と健康の神様である大山咋命(おおやまくいのみこと)を祀る日枝神社。足腰をはじめとする健康全般にご利益があるそうです。社殿をぐるりと周り鈴を鳴らしてからおまいりしましょう

右の字…幸運を招く／中央の字…日光大国殿／中央の印…大国様

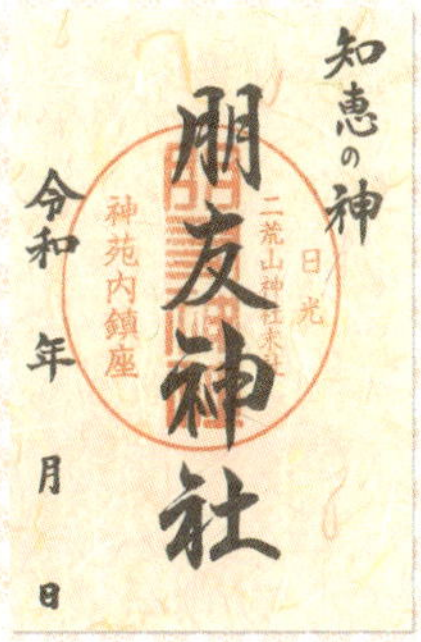

右の字…知恵の神／中央の字…朋友神社／中央の印…日光二荒山神社末社朋友神社　神苑内鎮座

ご利益おもちかえり

美人愛情守　1000円

↑心身ともに美しさを守護。よき愛情に恵まれるご利益もあります

良い縁を結ぶ守　1000円

↑運気アップで人間関係を改善。日光山のパワーを持ち帰りましょう

DATA 日光二荒山神社

二荒山大神

天応2年(782)

八棟造

住 栃木県日光市山内2307ほか　交 JR日光線日光駅から世界遺産めぐりバスで13分、二荒山神社前下車、徒歩すぐ　料 200円

ココだけの御朱印帳！

→錦織の御朱印帳。神橋がデザインされています。1500円

神奈川

神聖な空気を吸って気分爽快！ 芦ノ湖畔ウォーキングで箱根三社まいり

芦ノ湖の周辺に鎮座している、深いつながりを持った3つの社。それぞれが強力なパワースポットとして評判ですが、すべてを参拝することでいっそうのご加護が期待できます。

各所から湧き出る温泉と、観光スポットが盛りだくさんの箱根。東京からわずか1時間半で足を運べることもあり、近年は外国人観光客からの人気も急上昇しています。そんなエリアのなかでも、特別な聖地として古くから信仰を集めているのが箱根三社。標高1000m以上の山の上から鬱蒼とした深い森のなかまで、道中は楽々という訳にはいきませんが、人里離れた清らかな空気のなか心身ともにリフレッシュできるはずです。

箱根山の神様である箱根大神をお祀りする関東総鎮守！

↑神門の先に鎮座する神々しい雰囲気の社殿。武家から信仰を集めただけあり、勝負事に関する心願成就はもちろん、開運厄除けや縁結びなど、ご神徳は多岐にわたります

→根元部分が二股に分かれている安産杉。古くから健康な母体の象徴とされています

←老杉からの木漏れ日に照らされる正参道。90段の石段を上り、第五鳥居をくぐった先にご社殿や社務所があります

1 箱根神社《はこねじんじゃ》

箱根大神からご神託を受けた万巻上人が奈良朝の初期に創建。箱根大神とは、天孫降臨で知られる瓊《に》瓊《に》杵尊《ぎのみこと》、その妻の木花《このはな》咲耶姫命《さくやひめのみこと》、息子の彦火《ひこほ》火出見尊《ほでみのみこと》を合わせた三神の総称です。鎌倉時代には源頼朝から崇敬され幕府の祈願所となり、その後も徳川家康といった多くの武将から篤く敬われ続けます。東海道が整備された後は、多くのご神徳をいただける聖地として民間にも信仰が広まっていきました。歴代の皇族の皆様もご参拝されています。

➔九頭龍神社新宮は、箱根神社例大祭の前夜に行われる宵宮「湖水祭」の斎場に建立されました

心身を浄化する霊水！

➔箱根大神の鎮座する箱根山が源という龍神水。手のひらに受けて口をすすげば、一切の不浄が清められるといわれています

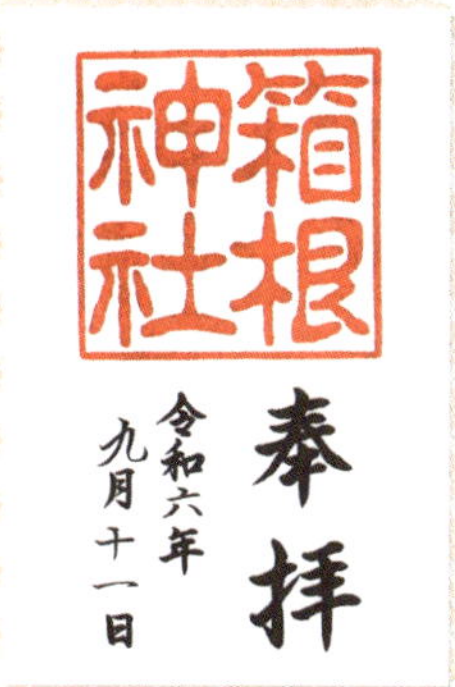

中央の字…奉拝／中央の印…箱根神社

中央の字…奉拝／中央の印…箱根元宮

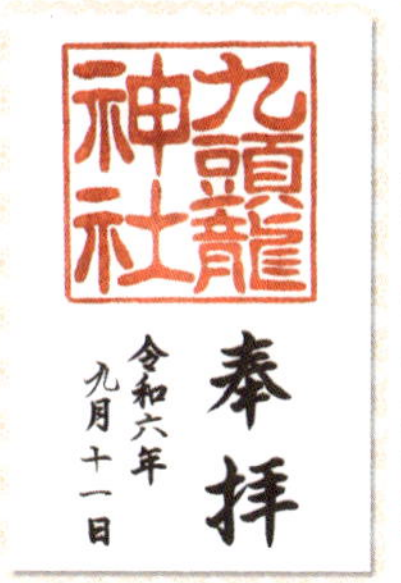

中央の字…奉拝／中央の印…九頭龍神社

箱根三社の御朱印や授与品はここで！

九頭龍神社の御朱印は箱根神社で賜れます。箱根元宮は土・日曜、祝日など神職の勤める日が限られているのでご注意を

ココだけの御朱印帳！

表面は箱根神社神門、裏面は平和の鳥居などが描かれています。1500円(御朱印一社分込)

ご利益おもちかえり

幸福御守 1000円

➔箱根の伝統工芸品である寄木細工のお守り。幸福を引き寄せます

箱根元宮 開運御守 1000円

➔表面に描かれているのは快晴の箱根元宮。心晴れ晴れで開運招福

九頭龍えんむすび御守 1000円

➔ご利益は縁結び関連全般。裏面に願い事を書き身につけましょう

DATA 箱根神社

- 箱根大神
- 天平宝字元年(757) 権現造
- 住 神奈川県足柄下郡箱根町元箱根80-1
- 交 箱根登山鉄道箱根湯本駅から箱根登山バス箱根町・元箱根行きで40分、箱根神社入口下車、徒歩10分
- 料 無料

箱根湯本駅
← バス40分
箱根神社入口バス停
← 徒歩10分
1 箱根神社
← 徒歩30分
箱根園駅
← ロープウェー7分
駒ヶ岳頂上駅

近隣には日帰り入浴できる温泉が豊富

神聖な空気をおもいっきり吸い込もう！

2 箱根元宮

はこねもとつみや

標高1356mの箱根駒ヶ岳山頂。その起源は約2400年前、聖占《しょうぜん》仙人という人物が神仙宮《しんせんぐう》を開き、祭祀をしたことに始まります。以来、関東における山岳信仰の一大霊場として栄えました。

奈良時代には、万巻《まんがん》上人が入峰。修行の末に箱根三所権現（箱根大神）の霊夢を受け、芦ノ湖畔に里宮として箱根神社を創建しました。

現在の社殿は昭和39年（1964）に箱根神社の奥宮として西武グループの創始者が奉納したもの

360度の景色が壮大！神々が鎮まるに相応しい聖なる風が吹く天上世界

駒ヶ岳ロープウェー山頂駅で下車

社殿を守る立派な狛犬がお出迎え

軽いトレッキング気分で社殿へ

駒ヶ岳山頂からの絶景！

箱根駒ヶ岳山頂へのアクセスはロープウェー（写真右）を利用するのが一般的。夏の深緑や秋の紅葉など眼下に広がる四季折々の大自然を楽しめます。山頂駅付近から一望できるのは芦ノ湖全体の大パノラマ（写真左）

湖畔よりも寒いので服装に気をつけて
森に棲む鳥のさえずりも聞こえます

② 箱根元宮 ← 徒歩5分 ← 駒ヶ岳頂上駅 ← ロープウェー7分 ← 箱根園駅 ← 徒歩15分 ← 箱根九頭龍の森受付 ← 徒歩10分 ← ③ 九頭龍神社本宮 ← 徒歩10分 ← 箱根九頭龍の森受付 ← 徒歩15分 ← ザ・プリンス箱根芦ノ湖バス停 ← バス50分 ← 箱根湯本駅

DATA 箱根元宮

箱根大神　昭和39年（1964）

入母屋造

住 神奈川県足柄下郡箱根町元箱根（駒ケ岳山頂）

交 箱根登山鉄道箱根湯本駅から伊豆箱根バス箱根園行きで50分、ザ・プリンス箱根芦ノ湖下車、徒歩2分、駒ヶ岳ロープウェーに乗り換え7分、駒ヶ岳山頂駅下車、徒歩5分

料 無料

3 九頭龍神社本宮《くずりゅうじんじゃほんぐう》

かつて人々を苦しめていた毒龍を、箱根大神の霊力を授かった万巻上人が調伏し、芦ノ湖の守護神としてお祀りした神社。箱根山に鎮まる箱根大神が生み出す、清らかな水を司るのが九頭龍大神。金運守護や商売繁盛、そして良縁成就のご神徳があると人気を集め、月次祭などには大勢の参拝者が訪れます。

かつて荒れ狂った毒龍は
龍神となり、森のなかで
人々の願いを叶え続ける

⬆湖を見守るようにして鎮座する社。強大な龍の力は現在では人々の願いのために使われているようです

➡白龍大神を祀る白龍神社は白い鳥居が目印。箱根九頭龍の森入口すぐの湖畔に鎮座しています

DATA 九頭龍神社本宮

- 九頭龍大神
- 天平宝字元年(757)
- 切妻造
- 住 神奈川県足柄下郡箱根町元箱根(箱根九頭龍の森内)
- 交 箱根登山鉄道箱根湯本駅から伊豆箱根バス箱根園行きで50分、ザ・プリンスホテル箱根芦ノ湖下車、徒歩25分
- 料 600円(箱根九頭龍の森入園料)

⬅自然を活かした舗装により、散策しやすい箱根九頭龍の森。本州に分布する植物の約7割が自生しています

毎月13日は月次祭!

月次祭《つきなみさい》

日頃の感謝を九頭龍大神に捧げ、願い事を祈願するお祭り。斎行日に限り、元箱根港から九頭龍神社本宮に向けて参拝船が出港します。往復乗船券1500円。それとは別にご祈祷は初穂料2000円以上となります。

7:30 ⬅参拝船の出港は9時30分の1便のみ。時間に余裕をもって元箱根港の受付に向かいましょう

9:10 ⬅出港後は神山桟橋まで約20分間のクルージングが楽しめます。船上から眺める平和の鳥居も見ものです

10:00 ⬅神職が本殿でお祓いやご祈祷などを行います。感謝と祈願を心のなかでしつつ、深く頭を下げましょう

10:55 ⬅湖水神事や弁財天社月次祭も引続き斎行。湖畔に向かい、米や酒といったお供え物を九頭龍大神に捧げます

11:30 ⬅帰りは樹木園桟橋から乗船。箱根園港で下船すればロープウェー乗り場が近く箱根元宮へ向かいやすいです

15:00 ⬅今回の紹介コースとは逆ルートとなり、箱根神社への参拝は最後。お札所では御祈祷神札と龍神水を賜れます

埼玉

小江戸情緒を堪能しながら、徳川家ゆかりの寺社をゆったりめぐる

バスでまわる小江戸・川越の御朱印旅

江戸時代から続く蔵造りの街並みや、大正レトロモダンな建物が残されており、まるでタイムスリップしたかのような感覚が体験できる小江戸・川越。歴史深い街だから、バスで巡回できる範囲に多彩な神社仏閣が点在！

江戸時代、徳川家康公が〝北の防衛線〟と重要視した川越。家康公は天正18年（1590）に関東に移ると、川越藩を設置して藩主に有力大名を派遣しました。17万石の城下町が整備されたため、家康公や徳川家ゆかりの喜多院や仙波東照宮など、家康公や徳川家に由緒ある神社仏閣が多数残っています。観光用バスが巡回しているので、バス旅を楽しみながら、散策できるのも嬉しい。

移築された江戸城の建造物を見学できる歴史的にも貴重な場所

文化財や歴史的建造物を見学

←元三大師と不動明王を祀る慈恵堂（本堂）。寛永16年（1639）に再建され、昭和の大改修を経て今に至ります　↓龍と鷹の彫刻が見事な鐘楼門は、国指定重要文化財

1 喜多院《きたいん》

川越屈指の歴史と規模を誇る寺院。徳川幕府とのつながりも深く、寛永15年（1638）の川越大火で建物が消失すると、3代将軍家光公が江戸城の御殿を移築し、客殿と書院にあてました。その建物は現存し、家光公が誕生した部屋や、春日局が化粧をした部屋などを見学できます。

右の字…奉拝／中央の字…上・厄除　下・川越大師／左の字…星野山 喜多院／右の印…星野山／中央の印…仏法僧宝（三宝印）／左の印…喜多院

↑元三大師や不動明王を祀る喜多院は厄除の寺として有名

DATA 喜多院

- 天台宗《てんだいしゅう》
- 星野山《せいやさん》
- 元三大師《がんざんだいし》・不動明王《ふどうみょうおう》
- 天長7年（830）
- 入母屋造
- 住　埼玉県川越市小仙波町1-20-1
- 交　西武新宿線本川越駅から徒歩10分
- 料　無料（徳川家光公誕生の間・春日局化粧の間は400円、子供200円）

見どころが多いので、賢くめぐろう

ココだけの御朱印帳！

➡元三大師の縁日である1月3日に開かれるだるま市がモチーフ。2000円

ご利益おもちかえり

身代御守 500円

↑大師様の護符が災いから守ってくれます。御守袋400円に入れて身につけて

梵天守り 1100円

↑人の形をかたどったお守り。厄除けのほか、開運にもご利益が。赤や緑など全6色

観光に便利なバスは3種類

川越の観光用バスは、川越駅西口2番を基点とする「小江戸巡回バス（乗り放題500円）」と、川越駅東口3番「小江戸名所めぐりバス（乗り放題300円）」の2つ。ほかに、路線バ

平日は小江戸巡回バス喜多院先回りコースが便利

川越駅
↓ 小江戸名所めぐりバス8分
喜多院前バス停
↓ 徒歩3分
① 喜多院
↓ 徒歩2分
② 成田山川越別院
↓ 徒歩3分
成田山前バス停
↓ 小江戸名所めぐりバス11分

2 成田山川越別院

なりたさんかわごえべついん

開祖は、幼い頃から波乱に満ちた生活のなかで両眼を失明した石川照温師。成田山新勝寺で断食の行を行ったところ、奇跡的に回復しました。その後、ご信徒たちとともに川越で廃寺になっていたお寺を再興し、不動明王を勧進したのが成田山川越別院です。眼の病気に霊験あらたかと評判です。

密厳殿や眼病平癒のお堂など見どころたくさん

密厳殿で如来様と空間を共にする

⬆本堂向かって左奥に御朱印の授与所があります ⬅2018年のお正月に公開された密厳殿は、ガラスの曼荼羅や蓮の一生が描かれた壁に囲まれ、五智如来を祀る神秘的な空間

右の字…奉拝／中央の字…上・カーン（梵字）不動明王 下・不動明王／左の字…上・川越　下・成田山／右の印…川越　成田山本行院／中央の印…カーン（梵字）不動明王／左の印…成田山本行院

⬅通常の御朱印は墨書。もともとこの地にあったお寺が本行院です

ご利益おもちかえり

眼病平癒祈願絵馬 500円

⬆視力回復や眼の病に関する願い事がある人は、開祖のお堂に奉納を

成守 2000円

⬆すべての願い事が「成」る、特別なパワーを授けてくれるお守りで心願成就

ココだけの御朱印帳！

➡寺紋の葉牡丹をあしらったオリジナルの御朱印帳。紺とピンクの2色で各1000円

DATA 成田山川越別院

- 真言宗
- 成田山
- 不動明王
- 嘉永6年（1853）
- 不明
- 住 埼玉県川越市久保町9-2
- 交 西武新宿線本川越駅から徒歩15分
- 料 無料

スの東武バスウエストが走っています。

レンタサイクルの利用もあり

市内には、自転車シェアリングのステーションが約16カ所あります。15分60円という安さと、各ポートで乗り捨てできる気安さで観光客にも人気。川越駅と本川越駅の観光案内所で、プリペイド式カードを販売しています。

観光案内所をチェック！

観光案内所は2カ所。東武東上線川越駅の改札を出て左側と、西武新宿線本川越駅1階改札を出て正面右側です。

川越氷川神社バス停
↓ 徒歩すぐ
3 **川越氷川神社**
↓ 徒歩すぐ
川越氷川神社バス停
↓ 小江戸名所めぐりバス7分
妙昌寺入口バス停
↓ 徒歩3分
4 **蓮馨寺**
↓ 徒歩3分
妙昌寺入口バス停
↓ 小江戸名所めぐりバス8分
川越駅

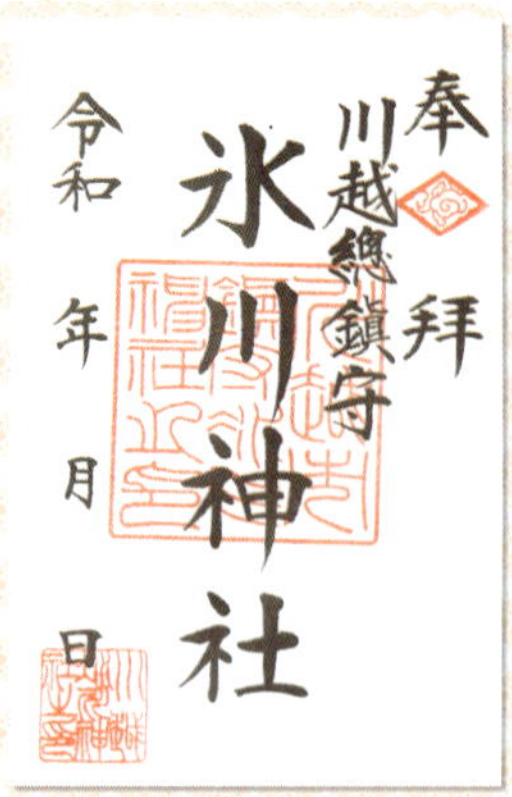

右の字…奉拝／中央の字…右・川越総鎮守　左・氷川神社／右の印…社紋（雲菱）／中央の印…川越市鎮守氷川神社之印／左の印…川越氷川神社之印

←吉兆を表す瑞雲を菱形に整えた社紋は、境内でもいたるところで見られます

ココだけの御朱印帳！

←毎月25日に頒布される「まもり結び」がモチーフの御朱印帳。全12種類、各1500円

3 川越氷川神社

かわごえひかわじんじゃ

縁結びのパワースポットとして人気の神社です。その理由は、2組の夫婦神を含む五柱の御祭神。家族関係にある神様たちが睦まじく座することから、家族円満や縁結びの神様と信仰されているのです。夏になると、約2000個の江戸風鈴が飾られる「縁むすび風鈴」が登場し、境内は幻想的な雰囲気に。

←約1500年前に創建された川越の総鎮守。彫刻が見事な本殿は県の指定文化財です

←本殿の脇には約20mも続く絵馬のトンネルがあります

色とりどりの風鈴に願い事を託す

←毎年7月上旬から9月上旬まで、境内に風鈴の回廊が現れます。願い事を書いた短冊を、好きな風鈴に掲げましょう

美しい境内はパワースポットの宝庫

ご利益おもちかえり

赤縁筆 300円

←鉛筆の端に女子、キャップに男子のイラストが入り、使うほど男女の距離が縮まる仕組み

であいこい守 各600円

←人気の縁結びのお守り。定番の黒のほか、夏の水色など季節ごとの限定色も

DATA 川越氷川神社

☀ 素盞鳴尊《すさのおのみこと》・脚摩乳命《あしなづちのみこと》・手摩乳命《てなづちのみこと》・奇稲田姫命《くしいなだひめのみこと》・大己貴命《おおなむちのみこと》

🔨 欽明天皇2年（541）　入母屋造

住 埼玉県川越市下町2-11-3

交 JR川越線・東武東上線川越駅から東武バス埼玉医大・上尾駅西口・川越運動公園行きで10分、川越氷川神社下車、徒歩すぐ

料 無料

4 蓮馨寺
れんけいじ

450年以上の歴史をもつ浄土宗のお寺。ご本尊の阿弥陀如来のほか、飢饉で困っている農家の子どもを預かり育てた呑龍上人や、お釈迦様の弟子で神通力に優れた「おびんづる様」も祀られており、子育て・健康祈願の人も訪れます。祈願所前のおびんづる様は、撫でると病気や怪我を治してくれるそう。

「子育て呑龍上人」や「おびんづる様」で親しまれるお寺

広い境内では毎月縁日も行われます

↑具合の悪いところと、おびんづる様の同じ場所を交互に撫でると治癒するとか

←毎月8日は「呑龍デー」。出店や芸能で賑わいます

右の字…奉拝／中央の字…上・請願成就　下・呑龍上人／左の字…川越 蓮馨寺／右の印…無量寿／中央の印…キリク(梵字)阿弥陀如来／左の印…上・蓮馨寺おびんずる様　下・孤峯山 蓮馨寺

➡呑龍上人と阿弥陀如来の2つの名が記された、ありがたい御朱印

ココだけの御朱印帳！

➡徳川家康や徳川幕府と深い関わりがあり、葵の紋所の使用が許されています。1500円

DATA 蓮馨寺

- 浄土宗　孤峯山
- 阿弥陀如来
- 天文18年(1549)　入母屋造
- 住 埼玉県川越市連雀町7-1
- 交 西武新宿線本川越駅から徒歩7分
- 料 無料

右の字…奉拝／中央の字…福禄寿／左の字…孤峯山蓮馨寺／右の印…上・孤峯山　下・小江戸川越七福神／中央の印…仏法僧宝(三宝印)／左の印…蓮馨寺印

➡小江戸川越七福神の福禄寿の御朱印もいただけます(書き置きのみ)

川越観光も忘れずに

川越のシンボル

➡メインストリートから鐘つき通りを入った場所には、木造の鐘楼・時の鐘も立っています。寛永年間(1624～44)に建てられ、明治26年(1893)の大火後に建て替えられた川越のシンボルは、今も毎日6時、12時、15時、18時に時を告げています

レトロな商店街

←川越でまず訪れたい、昔ながらの蔵30数棟が軒を連ねてレトロな雰囲気を醸成している川越一番街。ほかにも、映画のロケ地にもなった大正浪漫夢通りなど、川越には魅力的な路地が多く残っています

懐かしの駄菓子

←一番街からすぐの場所にある菓子屋横丁も、人気の観光スポット。細い路地に明治初期築の建物が20数軒並び、昔懐かしい駄菓子やおもちゃを販売しています

埼玉

ご利益抜群！元気をチャージ！

秩父・長瀞パワースポットめぐり

花の名所やご当地グルメ、自然を利用したアクティビティなどが充実した観光スポットとして人気の秩父・長瀞エリアは、実は知る人ぞ知るパワースポットの宝庫でもあるんです。

1 三峯神社

●みつみねじんじゃ

雲《くも》取山《とりやま》、白岩山《しらいわさん》、妙法《みょうほう》ケ《が》岳《たけ》の３つの峰に囲まれた標高約1100mの地に立つ古社。日本武尊が創祀したと伝わっています。多くの著名人や起業家、アスリートが詣でて成功を収めた強力なパワースポットです。

ココにも注目！

←モミとヒノキが寄り添い立つ、えんむすびの木。意中の人の名を書いて拝処に結ぼう

良縁をおねがい！

関東最強！の呼び声高い1900年の歴史を誇るパワースポット

↑拝殿の前に立つ樹齢800年のご神木に近づきパワーチャージ

秩父・長瀞エリアの玄関口は西武秩父駅か秩父鉄道秩父駅。都心からは、池袋駅から西武鉄道の特急ラビュー号を利用すれば約1時間20分で到着です。そこから各寺社へは秩父鉄道と西武観光バスを利用。本数はそれほど多くないので、事前に時刻表のチェックを忘れずに。ランチのおすすめは名物のそばや、わらじかつ。上長瀞駅近くにある阿左美冷蔵の天然氷を使ったかき氷も人気です。

おみくじで運だめし

2 秩父神社

●ちちぶじんじゃ

鎮座2100年の歴史を持つ秩父地方の総鎮守です。戦国時代末期に焼失した社殿が徳川家康の命によっ

あの徳川家康も崇敬した秩父を代表する古社は社殿を囲む彫刻が見事！

↓社殿は天正20年（1592）に徳川家康が再建。彫刻が見事

本殿の彫刻に注目！

子育ての虎
↑左甚五郎が子育ての大切さを込めて彫ったと伝わっています

お元気三猿
↑日光東照宮の三猿と対象的に「よく見て、よく聞いて、よく話す」

つなぎの龍
↑近くの池に現れたので、鎖で繋ぎ止められた伝説が伝えています

北辰の梟
↑体は真南、顔は真北を向いて昼夜を問わず祭神を守護しています

丑寅の雷神
↑顔は牛で虎の顔が描かれたパンツを履いたユーモラスな姿

←社紋のイチョウの葉は、この樹齢400年の大イチョウがモチーフ

➔奥宮に行けない人のための遥拝殿（写真上）。拝殿の彫刻（写真右下）も必見。拝殿の石畳に浮かび上がる龍（写真左下）

右の字……登拝
中央の字……三峯神社
中央の印……三峰神社
絵……オオカミ

超強力！

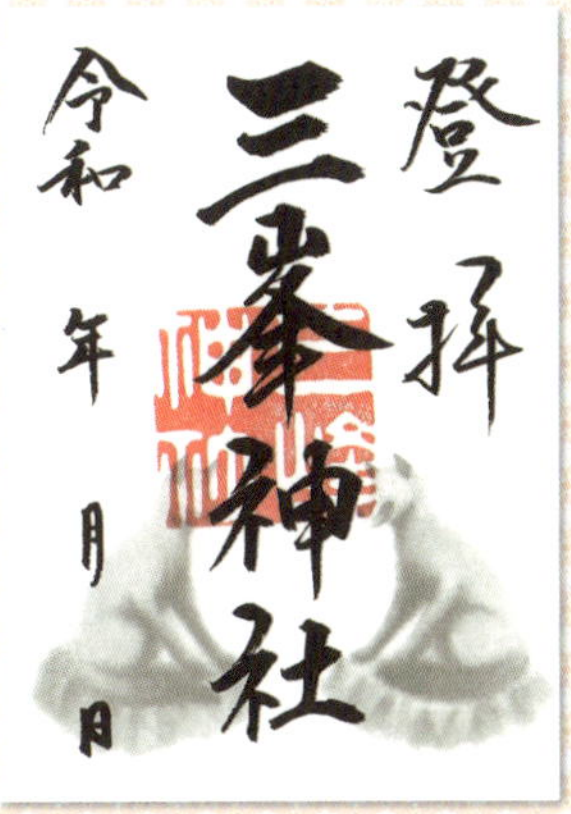

ココだけの御朱印帳！

➔境内に咲く草花があしらわれた風流なデザイン。1500円

➔少し大判で凹凸のある立体的な表紙が豪華な雰囲気。3000円

ご利益おもちかえり

小御影守 500円

➔向かい合うオオカミが描かれ、災難除けのご利益があります

氣の御守 各1000円

➔ご神木が封入されたお守り。赤、緑、黒、桃の4色あります

DATA 三峯神社
伊弉諾尊《いざなぎのみこと》・伊弉冊尊《いざなみのみこと》
景行天皇41年（111）
春日造
住 埼玉県秩父市三峰298-1
交 秩父鉄道三峰口駅から西武観光バス三峯神社行きで45分、終点下車、徒歩10分
料 無料

日本武尊がお出迎え

三峰口駅 ←バス45分← **①三峯神社** ←バス45分← 三峰口駅 ←電車30分← 秩父駅 ←徒歩3分← **②秩父神社** ←徒歩2分← 少林寺

駅前に食堂あり

春から秋の週末にはSLも運行

て再建されて現在の姿になりました。毎年12月2日と3日に行われる例大祭「秩父夜祭」は日本三大曳山祭のひとつです。

ココだけの御朱印帳！

➔名工・左甚五郎が社殿に施したと伝わる彫刻をデザイン。2000円

知知夫国総鎮守
秩父宮家ゆかりの社

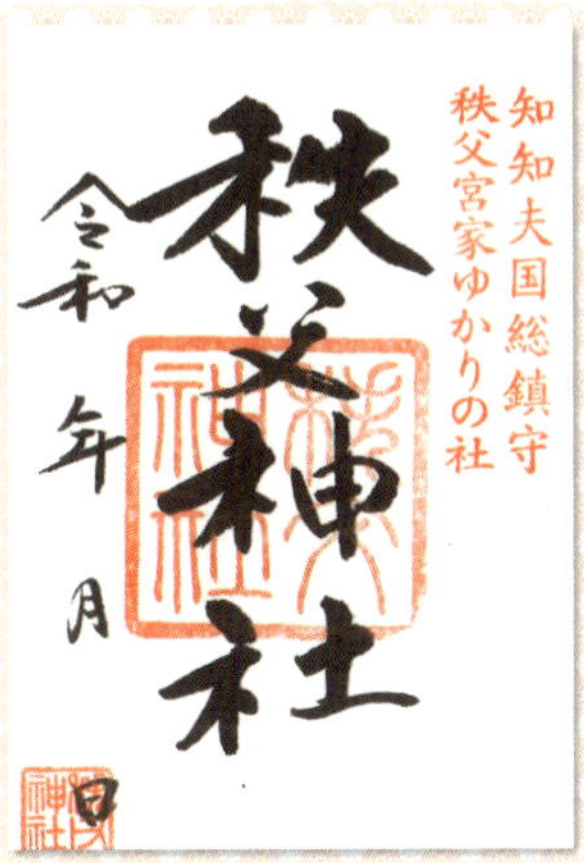

中央の字……秩父神社
右の印……知知夫国総鎮守
秩父宮ゆかりの社
中央の印……秩父神社
左の印……秩父神社

ご利益おもちかえり

智恵梟守 各1000円

➔知恵を司る北辰の梟のお守り。学業成就にご利益があります

雷神守 1000円

➔雷神が社殿を400年も守り抜いたことから災いを除くご利益が

DATA 秩父神社
八意思兼命《やごころおもいかねのみこと》・知知夫彦命《ちちぶひこのみこと》
天之御中主神《あめのみなかぬしのかみ》・秩父宮雍仁親王《ちちぶのみややすひとしんのう》
紀元前87年
権現造
住 埼玉県秩父市番場町1-3
交 秩父鉄道秩父駅から徒歩3分
料 無料

3 少林寺

しょうりんじ

秩父三十四カ所観音霊場めぐりの札所十五番。ご本尊の十一面観音菩薩は、東国で流行りはじめていた疫病を退散したと伝わる強いパワーを持っています。境内にシダレザクラやボタンが咲く花の寺としても有名。

本堂内の彫刻や境内を彩る四季の花が楽しみ

↑境内に植えられた50種200株のボタンは4月末が見頃です

ココにも注目！

↑明治11年（1878）に大火で消失した後に火に強い土蔵造になりました

神秘的な金色の姿が！

ご利益おもちかえり

手ぬぐい 500円

↑ありがたいお言葉の書かれた手ぬぐいは札所めぐりのお供にぴったりです

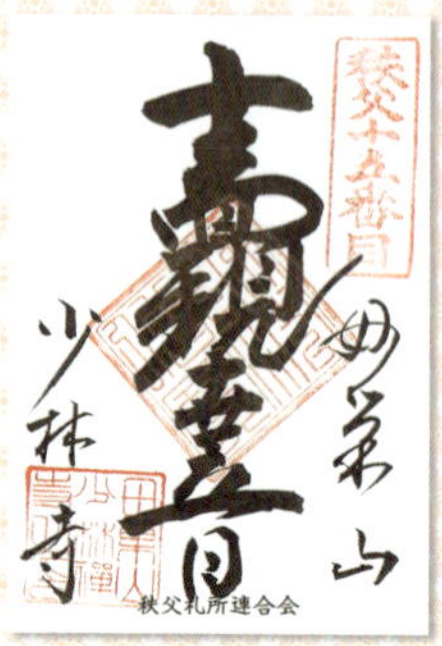

右の字……母巣山
中央の字……十一面観音
左の字……少林寺
右の印……秩父十五番目
中央の印…仏法僧宝（三宝印）
左の印……母巣山松林禅寺之印

DATA 少林寺

- 臨済宗建長寺派《りんざいしゅうけんちょうじは》
- 母巣山《ははそざん》
- 十一面観世音菩薩
- 延徳3年（1491）
- 土蔵造
- 住 埼玉県秩父市番場町7-9
- 交 秩父鉄道秩父駅から徒歩5分
- 料 無料

---

3 少林寺 ← 徒歩5分 ← 秩父駅 ← 電車10分 ← 和銅黒谷駅 ← 徒歩5分 ← 4 聖神社 ← 徒歩5分 ← 和銅黒谷駅 ← 電車15分 ← 長瀞駅 ← 徒歩15分 ← 5 寶登山神社 ← 徒歩15分 ← 長瀞駅

5 寶登山神社 → 奥宮

参道に阿左美冷蔵の支店がある

駅に隣接して食事処やみやげ店が！

鳥居も立派！

5 寶登山神社

ほどさんじんじゃ

秩父三社のひとつで、世界的に有名なガイドブック「ミシュラン・グリーンガイド・ジャポン」で一ツ星を受けています。

美しく神秘的な空間が世界にも認められた霊験あらたかな神社

本殿の彫刻に注目！

↑儒教の教え「二十四孝」の物語を表す彫刻があります

→本殿は2010年の大改修で明治の再建当時の鮮やかな姿に

ココだけの御朱印帳！

ペアで持ちたい

↑紺とピンクの2種類。それぞれ桜と梅をデザインして春らしさを演出。1800円

4 聖神社

ひじりじんじゃ

日本最古の流通通貨「和同開弥《わどうかいちん》」ができるきっかけとなった、銅の発掘場所「和銅遺跡」にほど近い。お

まいりした人のなかに宝くじの高額当選者が多いと紹介され、今では金運アップを願う参拝者が後を絶ちません。

↑境内には直径3mの和同開弥のモニュメントがあります

銭神様のご利益で大金持ちも夢じゃない!?

右の字……奉拝 和銅献上の里
中央の字…聖神社
右の印……和同開珎
中央の印…聖神社
左の印……聖宮之印

DATA 聖神社

金山彦命《かなやまひこのみこと》・国常立命《くにとこたちのみこと》・大日孁貴尊《おおひるめのむちのみこと》・神日本磐余彦命《かむやまといわれひこのみこと》・元明金命《げんめいかがねのみこと》

和銅元年(708)

一間社流造《いちげんしゃながれづくり》

住 埼玉県秩父市黒谷2191
交 秩父鉄道和銅黒谷駅から徒歩5分
料 無料

ココだけの御朱印帳!

↑表紙に拝殿、裏表紙に和同開弥と使徒のムカデが描かれています。1500円

ココにも注目!

↑横の小川で清めてから神社に納めれば金運アップ!?

ご利益おもちかえり

銭神守り 700円

↑和同開弥のレプリカを財布に入れておけば金運アップ確実だとか

金運守 700円

↑打出の小槌など金運に関連したモチーフがデザインされています

創祀はおよそ1900年前と古く、開祖は日本武尊という古代史上の伝説的英雄であることから、さまざまなことにご利益がありそう。

中央の字…寶登山神社
右の印……上・秩父長瀞
　　　　　下・青淵ゆかりの杜
中央の印…上・寶登山神社
　　　　　下・オオカミ
左の印……寶登山神社々務所印

カラフルでキュート

相生のお守り 各800円

←昭和天皇のご成婚を祝って植樹した相生の松にちなんだお守り

ご利益おもちかえり

吉祥寶守 1000円

←お守りを持つ人の宝を守り、より豊かになるよう導いてくれます

DATA 寶登山神社

神日本磐余彦尊《かんやまといわれひこのみこと》・大山祇神《おおやまづみのかみ》・火産霊神《ほむすびのかみ》

景行天皇40年(110)

権現造

住 埼玉県長瀞町長瀞1828
交 秩父鉄道長瀞駅から徒歩15分
料 無料

ひと足のばして

奥宮へ

境内奥にある山麓駅からロープウェイで宝登山山頂へ。山頂駅から10分ほど歩くと奥宮があります。奥宮に参拝した人しかもらえない御朱印もあります。

↑奥宮は鬱蒼とした森に囲まれ、いかにもパワーが強そう(写真上)。宝登山ロープウェイは1時間に約2便運行。往復1200円(写真下)

中央の字…寶登山奥宮/右の印…上・秩父長瀞 下・寶登山は千古の霊場/中央の印…上・寶登山奥宮 下・オオカミ/左の印…寶登山奥宮印

DATA 奥宮

住 埼玉県長瀞町長瀞1828
交 秩父鉄道長瀞駅から徒歩15分の宝登山ロープウェイに乗車。山頂駅から徒歩10分
料 無料

東京で七福神めぐりしよう！

七つの厄災を除き、七つの幸福を授かる

よく意味は知らなくても、なんだか縁起のよさそうな七福神。すべてめぐって御朱印をいただけば満福招来！専用の授与品があることも多いので、あなたもこの機会にチャレンジしてみて。

七福神ってなに？

七福神とは大黒天、恵比須神、毘沙門天、福禄寿、弁財天、寿老神、布袋尊の七柱の神様のこと。仁王経に書かれている「七難即滅、七福即生」という言葉にならい、七神をめぐれば7つの大難は消滅し、7つの福が生まれるといわれています。七福神信仰は室町時代に始まり、江戸時代には今の七神に定まったそうです。東京だけでも区ごと、エリアごとにさまざまな七福神めぐりのコースが設定されています。ただし、本来七福神は元日から1月7日の間にめぐるもの。七福神の御朱印は正月しかいただけない寺社もあるので、事前に確認してから出かけましょう。

深川七福神《ふかがわしちふくじん》

福を求めて下町情緒あふれるエリアをぶらり散歩

町会が維持する小さな神社

深川稲荷神社《ふかがわいなりじんじゃ》

清廉潔白、大器度量、清らかな心を授ける神様

布袋尊《ほていそん》

寛永7年（1630）創建と伝わる神社。小さな社の前に布袋尊のお前立ちが鎮座しています。正月以外は基本的に無人社です。通常御朱印は、社務所に人がいればいただけます。

右の字……奉拝
中央の字……布袋尊
左の字……深川稲荷神社
中央の印…上:布袋尊　下:深川七福神
布袋尊深川稲荷神社

DATA 深川稲荷神社
宇迦之御魂神《うかのみたまのかみ》
住 東京都江東区清澄2-12-12
交 東京メトロ半蔵門線・都営大江戸線清澄白河駅から徒歩2分　料 無料

専用の授与品はこれ！

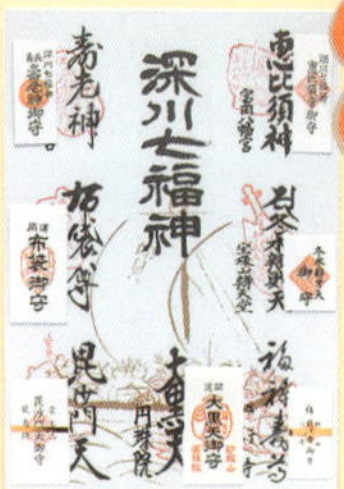

御朱印帳にいただく御朱印のほかに、七福神めぐり専用の台紙に御朱印をいただける場合もあります。深川七福神の場合、通常でも御朱印帳に七福神の御朱印をいただけますが、七福神が御開帳される1月1日～7日の9～17時には、専用色紙への御朱印、福笹、各神のお鈴も授与されます。ゆっくり歩いても2時間ほどなので、初詣がてら出かけてみては。

ほかにもこんなにある！ 東京の七福神

谷中《やなか》七福神
日本橋《にほんばし》七福神
浅草名所《あさくさなどころ》七福神
隅田川《すみだがわ》七福神
亀戸《かめいど》七福神
新宿山ノ手《しんじゅくやまのて》七福神
下谷《したや》七福神
柴又《しばまた》七福神
元祖山手《がんそやまて》七福神
荏原《えばら》七福神
池上《いけがみ》七福神
港《みなと》七福神
東海《とうかい》七福神
多摩川《たまがわ》七福神
伊興《いこう》七福神
小石川《こいしかわ》七福神
千寿《せんじゅ》七福神
雑司ヶ谷《ぞうしがや》七福神
板橋《いたばし》七福神
武蔵野吉祥《むさしのきっしょう》七福神
日野《ひの》七福神
八王子《はちおうじ》七福神

福徳を増す神様は、七福神で唯一武将の姿

毘沙門天《びしゃもんてん》

福徳を施与する毘沙門天

龍光院《りゅうこういん》

慶長16年（1611）に馬喰町で創建された後、何度かの火災に伴い天和2年（1682）に深川へ移転。鬼門除けとして、北方の守護神である毘沙門天を安置したと伝わっています。

中央の字…毘沙門天
左の字……龍光院
右の印……奉拝
中央の印……毘沙門天
左の印……深川七福神毘沙門天龍光院

DATA 龍光院
浄土宗　阿弥陀如来
住 東京都江東区三好2-7-5
交 東京メトロ半蔵門線・都営大江戸線清澄白河駅から徒歩7分　料 無料

星の化身で、長寿にご利益あり

寿老神《じゅろうじん》

深川の名の発祥地

深川神明宮《ふかがわしんめいぐう》

およそ400年前、深川八郎右衛門がこの地の開拓を行う際に、伊勢神宮の御分霊を祀ったのが神社の起源とされています。寿老神は境内の一角にある、小さな社に祀られています。

右の字……福寿
中央の字…寿老神
左の字……深川神明宮
中央の印…上:寿老神　下:深川七福神寿老神深川神明宮

DATA 深川神明宮
天照大御神
住 東京都江東区森下1-3-17
交 都営新宿線森下駅から徒歩2分
料 無料

技芸上達、縁結びを助ける女性神

弁財天《べんざいてん》

日本三大弁天のひとつを分祀

冬木弁天堂《ふゆきべんてんどう》

宝永2年（1705）、琵琶湖に浮かぶ竹生島弁財天の御分霊を祀ったのが縁起。正月以外は基本的に無人社。通常御朱印は、社務所に掲示されている番号に電話をかけてお願いできます。

右の字……奉拝
中央の字……冬木辨財天
左の字……宝珠山冬木弁天堂
右の印……深川七福神
中央の印…上:辨財天　下:深川七福神辨財天冬木弁天堂

DATA 冬木弁天堂
真言宗　弁財天
住 東京都江東区冬木22-31
交 東京メトロ東西線門前仲町駅から徒歩7分
料 無料

大きな袋と打出の小槌が福徳開運のご利益を表す

大黒天《だいこくてん》

有福蓄財の福徳あり

円珠院《えんじゅいん》

堂内には木造の大黒天、境内には石造の破顔大黒天を安置。そのほかに、享保5年（1720）に描かれたと伝わっている大黒天の掛け軸もあり、地元の人に親しまれています。

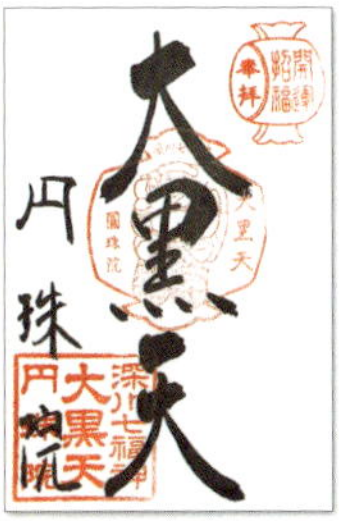

中央の字…大黒天
左の字……円珠院
右の印……奉拝 開運招福
中央の印……大黒天
左の印……深川七福神大黒天円珠院

DATA 円珠院
日蓮宗　大曼荼羅御本尊
住 東京都江東区平野1-13-6
交 東京メトロ半蔵門線・都営大江戸線清澄白河駅から徒歩5分　料 無料

長い頭の仙人様は、財産や健康長寿をもたらす

福禄寿《ふくろくじゅ》

境内には史跡が多数

心行寺《しんぎょうじ》

日本三名橋のひとつである山口県岩国市の錦帯橋を架橋した岩国藩主・吉川広嘉の妻・養源院が開基。人望福徳のご利益がある福禄寿は、境内の六角堂に祀られています。

右の字……奉拝
中央の字……福禄寿尊
左の字……心行寺
右の印……双修山
中央の印……福禄寿
左の印……深川七福神福禄寿心行寺

DATA 心行寺
浄土宗　阿弥陀如来
住 東京都江東区深川2-16-7
交 東京メトロ東西線門前仲町駅から徒歩5分
料 無料

鯛と釣り竿が目印の海の守護と商売繁盛の神

恵比須神《えびすじん》

江戸最大の八幡様

富岡八幡宮《とみおかはちまんぐう》

恵比須神を祀る恵比須社は、富岡八幡宮の境内に鎮座しています。富岡八幡宮は寛永4年（1627年）、当時「永代島」と呼ばれた小島に創祀。以来、広く崇敬を集めています。

右の字……奉拝
中央の印…恵比須神
中央の印…上:恵比須神　下:深川七福神恵比須神富岡八幡宮

DATA 富岡八幡宮
住 東京都江東区富岡1-20-3
交 東京メトロ東西線門前仲町駅から徒歩3分
料 無料

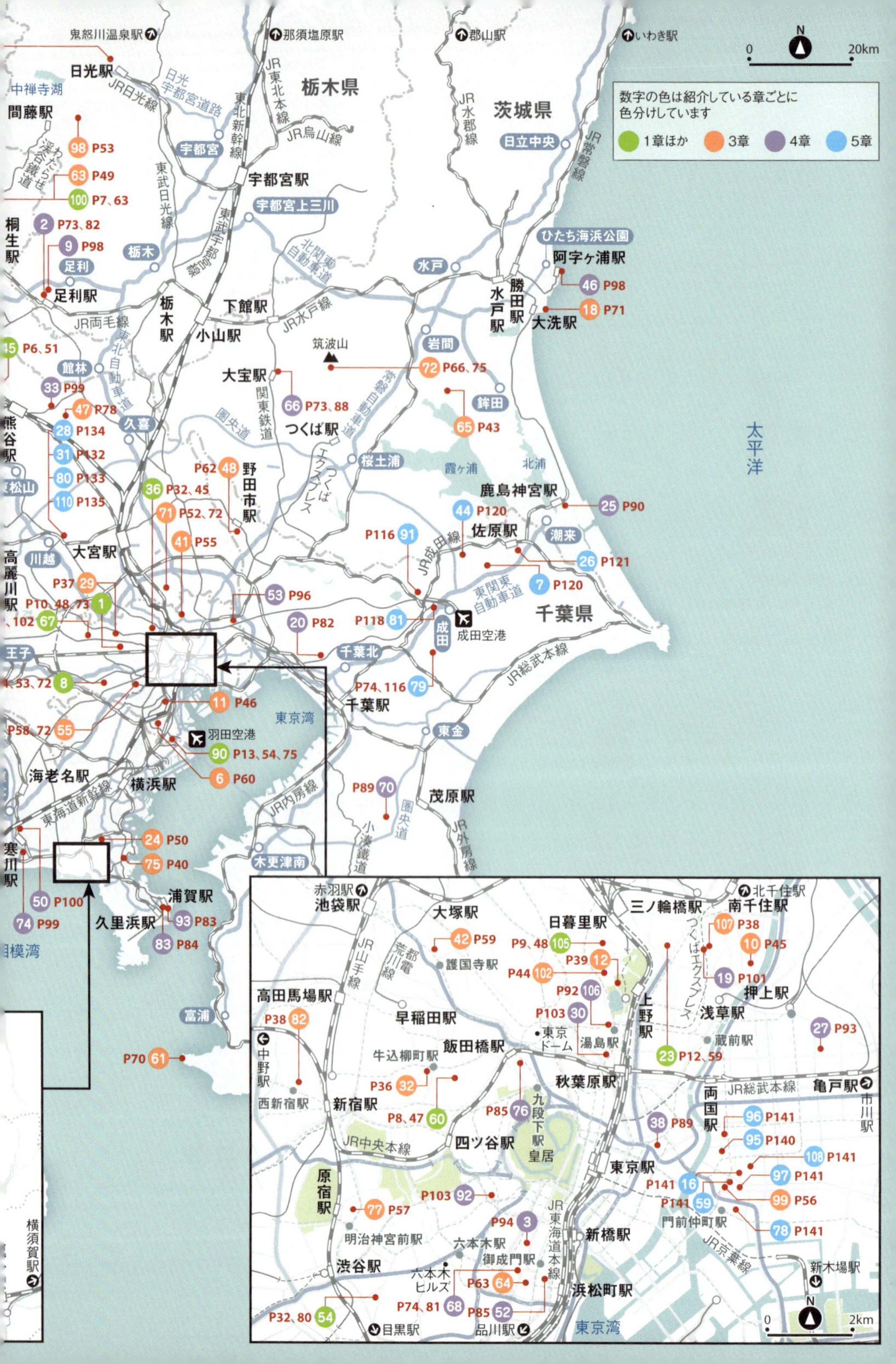

鬼怒川温泉駅
那須塩原駅
郡山駅
いわき駅
N
0
20km
数字の色は紹介している章ごとに色分けしています
1章ほか
3章
4章
5章
日光駅
中禅寺湖
JR日光線
日光宇都宮道路
栃木県
JR東北本線
東北新幹線
JR烏山線
JR水郡線
茨城県
日立中央
JR常磐線
間藤駅
わたらせ渓谷鐵道
98 P53
63 P49
100 P7、63
宇都宮
宇都宮駅
東武日光線
宇都宮上三川
東武宇都宮線
桐生駅
2 P73、82
9 P98
足利
栃木
北関東自動車道
水戸
ひたち海浜公園
阿字ヶ浦駅
46 P98
足利駅
栃木駅
下館駅
JR水戸線
勝田駅
水戸駅
18 P71
大洗駅
JR両毛線
東北自動車道
小山駅
15 P6、51
館林
筑波山
岩間
72 P66、75
33 P99
大宝駅
常磐自動車道
47 P78
関東鉄道
66 P73、88
鉾田
熊谷駅
28 P134
久喜
圏央道
つくば駅
65 P43
31 P132
つくばエクスプレス
桜土浦
霞ヶ浦
北浦
太平洋
80 P133
P62 48
野田市駅
東松山
36 P32、45
鹿島神宮駅
110 P135
25 P90
71 P52、72
44 P120
佐原駅
P116 91
JR成田線
潮来
41 P55
高麗川駅
川越
大宮駅
26 P121
P37 29
7 P120
東関東自動車道
53 P96
P10、48、73 1
千葉県
102 67
20 P82
P118 81
成田
成田空港
千葉北
JR総武本線
王子
53、72 8
P74、116 79
千葉駅
11 P46
東京湾
P58、72 55
羽田空港
東金
90 P13、54、75
海老名駅
横浜駅
6 P60
東海道新幹線
JR内房線
P89 70
茂原駅
圏央道
小湊鐵道
JR外房線
24 P50
寒川駅
75 P40
木更津南
浦賀駅
50 P100
久里浜駅
93 P83
74 P99
83 P84
相模湾
富浦
P70 61
横須賀駅
赤羽駅
北千住駅
池袋駅
大塚駅
日暮里駅
三ノ輪橋駅
南千住駅
107 P38
42 P59
P9、48 105
10 P45
JR山手線
都電荒川線
つくばエクスプレス
護国寺駅
P39 12
P44 102
19 P101
押上駅
高田馬場駅
P92 106
上野駅
P38 82
早稲田駅
P103 30
浅草駅
27 P93
東京ドーム
湯島駅
中野駅
蔵前駅
飯田橋駅
牛込柳町駅
23 P12、59
秋葉原駅
P70 61
西新宿駅
P36 32
JR総武本線
亀戸駅
新宿駅
九段下駅
両国駅
市川駅
P85 76
P8、47 60
38 P89
96 P141
JR中央本線
四ツ谷駅
95 P140
皇居
108 P141
原宿駅
東京駅
P141 16
97 P141
P103 92
P141 59
99 P56
77 P57
門前仲町駅
P94 3
78 P141
明治神宮前駅
JR東海道本線
新橋駅
六本木駅
JR京葉線
御成門駅
新木場駅
渋谷駅
六本木ヒルズ
P63 64
浜松町駅
P74、81 68
P85 52
P32、80 54
目黒駅
品川駅
東京湾
N
0
2km

		寺社名	所在地	掲載ページ
	56	浄智寺	神奈川県鎌倉市	109
	57	常保寺	東京都青梅市	42
	58	少林寺	埼玉県秩父市	138
	59	心行寺	東京都江東区	141
す	60	瑞光寺	東京都新宿区	8、47
	61	洲崎神社	千葉県館山市	70
せ	62	銭洗弁財天宇賀福神社	神奈川県鎌倉市	86
そ	63	崇禅寺	群馬県桐生市	49
	64	増上寺	東京都港区	63
	65	素鵞神社	茨城県小美玉市	43
た	66	大宝八幡宮	茨城県下妻市	73、88
	67	田無神社	東京都西東京市	32、102
	68	タワー大神宮	東京都港区	74、81
ち	69	秩父神社	埼玉県秩父市	136
	70	長福寿寺	千葉県長南町	89
	71	鎮守 氷川神社	埼玉県川口市	52、72
つ	72	筑波山神社	茨城県つくば市	66、75
	73	鶴岡八幡宮	神奈川県鎌倉市	111
	74	鶴嶺八幡宮	神奈川県茅ヶ崎市	99
て	75	泥牛庵	神奈川県横浜市	40
と	76	東京大神宮	東京都千代田区	85
	77	東郷神社	東京都渋谷区	57
	78	富岡八幡宮	東京都江東区	141
	79	富里高松 香取神社	千葉県富里市	74、116
な	80	成田山川越別院	埼玉県川越市	133
	81	成田山新勝寺	千葉県成田市	118
	82	成子天神社	東京都新宿区	38
に	83	西叶神社	神奈川県横須賀市	84
	84	日光山輪王寺	栃木県日光市	124
	85	日光東照宮	栃木県日光市	122
	86	日光二荒山神社	栃木県日光市	126
は	87	箱根神社	神奈川県箱根町	128
	88	箱根元宮	神奈川県箱根町	130
	89	長谷寺	神奈川県鎌倉市	11、114
	90	羽田神社	東京都大田区	13、54、75
	91	埴生神社	千葉県成田市	116
ひ	92	日枝神社	東京都千代田区	103
	93	東叶神社	神奈川県横須賀市	83
	94	聖神社	埼玉県秩父市	75、139
ふ	95	深川稲荷神社	東京都江東区	140
	96	深川神明宮	東京都江東区	141
	97	冬木弁天堂	東京都江東区	141
	98	古峯神社	栃木県鹿沼市	53
ほ	99	法乗院（深川ゑんま堂）	東京都江東区	56
	100	宝徳寺	群馬県桐生市	7、63
	101	寶登山神社	埼玉県長瀞町	138
	102	本妙院	東京都台東区	44
み	103	三峯神社	埼玉県秩父市	136
	104	妙本寺	神奈川県鎌倉市	65
	105	谷中観音寺	東京都台東区	9、48
ゆ	106	湯島天満宮	東京都文京区	92
よ	107	吉原神社	東京都台東区	38
り	108	龍光院	東京都江東区	141
	109	龍口寺	神奈川県藤沢市	114
れ	110	蓮馨寺	埼玉県川越市	135

掲載一覧マップ
越後湯沢駅
上毛高原駅
月夜野
P124 84
P122 85
P126 86
群馬県
JR上越線
関越自動車道
JR吾妻線
榛名山
上越新幹線
35 P13、52
北陸新幹線
軽井沢駅
前橋
前橋駅
高崎駅
P49 51
佐久
碓氷軽井沢
上信越自動車道
御荷鉾山
JR八高線
長野県
JR小海線
花園
P138 101
P75、139 94
P136 69
P138 58
秩父駅
秩父鉄道
西武秩父線
甲武信ヶ岳
三峰口駅
P136 103
埼玉県
P41 43
小淵沢駅
山梨県
東京都
青梅
塩山駅
14 P58
韮崎
甲府駅
P42 57
JR中央本線
大月
中央自動車道
P68 21
P64 22
甲府南
河口湖駅
富士急行線
丹沢山
六郷
河口湖
富士山駅
神奈川県
P88 4
JR身延線
富士山
東名高速道路
小田原
御殿場
JR御殿場線
静岡県
強羅駅
富士宮駅
小田原駅
新東名高速道路
沼津
P131 34
88 P130
新富士駅
87 P128
駿河湾
JR東海道本線
N
0 5km
大船駅
北鎌倉駅
藤沢市
平塚駅
藤沢駅
JR東海道本線
湘南モノレール
JR横須賀線
15 P108
37 P34
P109 56
17
P86 62
小田急江ノ島線
江ノ島電鉄
P95 49
109 P114
73
神奈川県
鎌倉市
鎌倉駅
104
片瀬江ノ島駅
江ノ島駅
腰越駅
極楽寺駅
長谷駅
滑川
5
P113 39
P11、114 89
40 P74、112
江の島
13 P115
相模湾
逗子市

御朱印さんぽ 関東の寺社

2025年 4 月15日 初版印刷
2025年 5 月 1 日 初版発行

●編集人
明石理恵
●発行人
盛崎宏行
●発行所
JTBパブリッシング
〒135-8165 東京都江東区豊洲5-6-36
豊洲プライムスクエア11階
https://jtbpublishing.co.jp/

●編集・制作
ライフスタイルメディア編集部
(滝沢麗乃)
●取材・執筆・撮影・編集協力
minimal(武藤美稀/上石薫/瀬谷真琳)
村岡栄治/石垣星児
●イラスト
入江めぐみ/河合美波
●アートディレクション
川口繁治郎
●デザイン
川口デザイン
ジェイヴイコミュニケーションズ
●地図
アトリエ・プラン
●印刷所
DNP出版プロダクツ

編集、乱丁、落丁のお問合せはこちら
https://jtbpublishing.co.jp/contact/service/
JTBパブリッシング　お問合せ

254590　807352
ISBN978-4-533-16355-5 C0026
●落丁・乱丁はお取替えいたします。
●おでかけ情報満載
https://rurubu.jp/andmore/

※本書掲載のデータは2025年2月末日現在のものです。発行後に変更になることがあります。また、各種データを含めた掲載内容の正確性には万全を期しておりますが、おでかけの際はホームページ等で事前にご確認ください。なお、本書に掲載された内容と実際が異なることによる損害等は、弊社では補償いたしかねますので、あらかじめご了承ください。
※本書掲載の拝観料等の料金は、大人料金です。原則として取材時点で確認した消費税込みの料金です。税率改定等により、各種料金が変更されることがありますので、ご注意ください。
※定休日は原則として年末年始・お盆・ゴールデンウィーク・臨時休業を省略しています。
※交通アクセスにおける所要時間は、目安の時間となります。とくにバスでは渋滞による遅延等が起きる可能性がありますことをご了承ください。
※最寄り駅の鉄道会社が複数ある場合、駅の出口から最も近い鉄道会社のみを記載しています。

さくいん
五十音順